公證人規則釋義

公證人規則釋義　全

箕作麟祥 校閲・石川惟安 著 明治二十年再版

岸本辰雄 校訂・井本常治 著 明治十九年出版

公證人規則釋義

公證人規則釋義

全

日本立法資料全集 別巻 1180

信山社

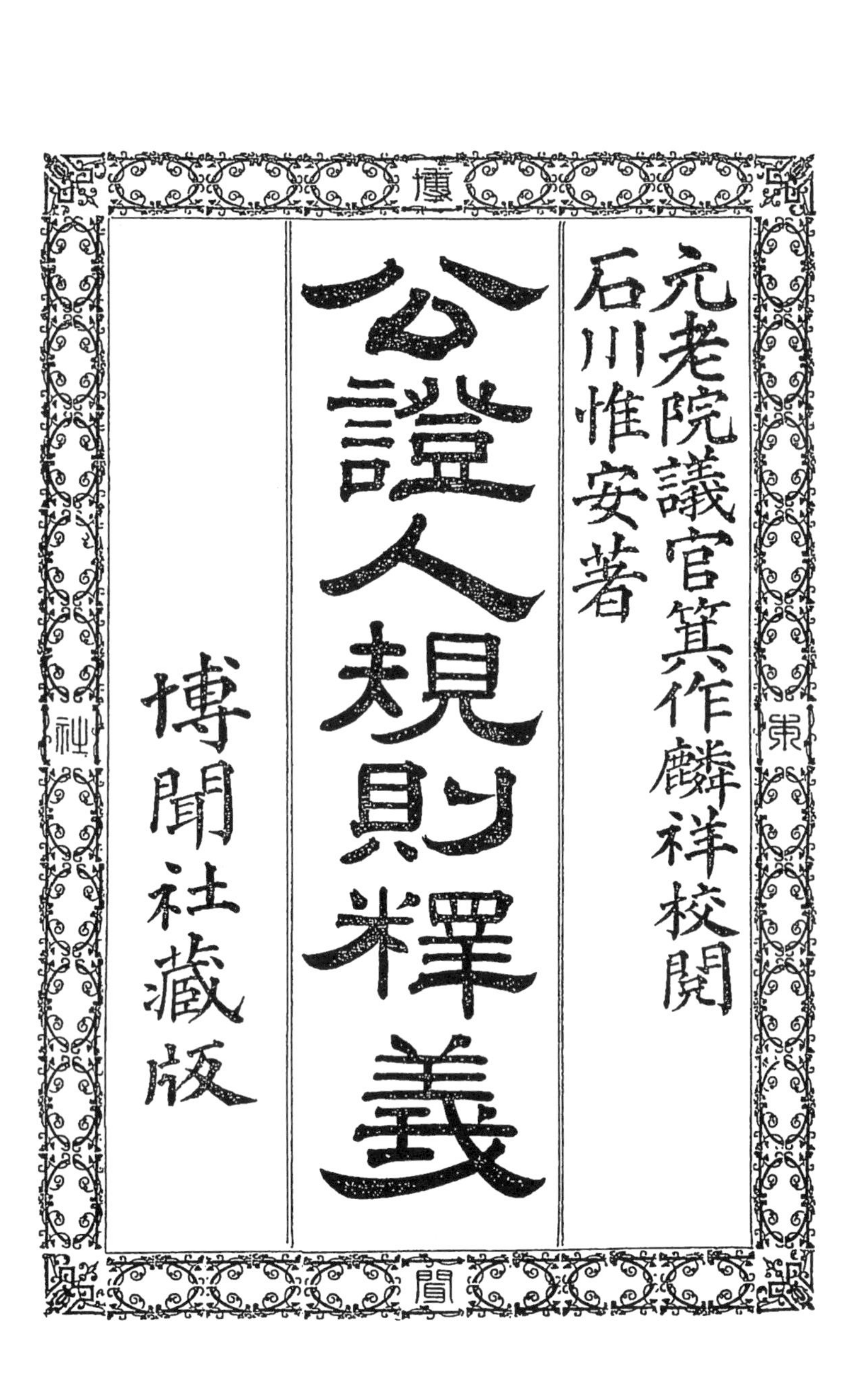

元老院議官箕作麟祥校閲
石川惟安著

公證人規則釋義

博聞社藏版

朕公證人規則ヲ裁可シ茲ニ之ヲ公布セシム

御名　御璽

明治十九年八月十一日

内閣總理大臣伯爵伊藤博文

司法大臣伯爵山田顯義

公證人規則釋義

凡例

一此書ハ明治十九年八月十三日法律第二號ヲ以テ公布セラレタル公證人規則ヲ註釋スルモノナリ

一此書ハ每條ノ後ニ〔註解〕ノ目ヲ置キ其條ノ意義ヲ解釋シ且條文中解シ難キ文字若クハ要旨ニシテ讀者ノ注意ヲ要スル辭句ニハ圏點ヲ其傍ラニ施シ又之ヲ別項ニ擧ケテ特ニ詳註ヲ加ヘ務メテ意義ヲ解シ得易カラシム

一此書ハ務メテ讀者ヲシテ其意義ヲ解シ得易カラシムルヲ要スルカ故ニ語辭或ハ俚俗ニ渉リ或ハ重複スルモノアル可シ

一我公證人規則ハ其箇條中佛國ノ全規則ニ似タル所甚タ多

キヲ以テ此彼參考ノ便ニ供スルカ爲メニ茲ニ卷後ニ佛國公證人規則六十九條及之ニ關スル勅令等四十餘條ヲ譯シテ之ヲ附シ且其條中最モ我規則ノ箇條ニ適切ナル各條ノ號數ヲ我カ各條ノ鼇頭ニ掲ケテ更ニ參考ノ便益ニ供セリ

公證人規則釋義目錄

公證人規則釋義

箕作麟祥校閲
石川惟安著

從來本邦ニ於テ一般ノ契約ハ私ノ證書ヲ以テ爲スモノタルニ依リ其契約者相互ノ間ニ於テハ該證書ヲ以テ證據ト爲スヲ得ルト雖モ其他ノ各人ニ對シテハ之ヲ以テ完全ノ證據ト爲スコトヲ得ス又其契約者相互ノ間ニ於ケルモ義務者若シ其義務ヲ履行セサルトキハ權利者必ス法庭ニ出訴シテ許多ノ時間ト費用トヲ消費スルニアラサレハ其權利ヲ伸張スルコトヲ得ス加之歳月ヲ經ルコト久シキニ及ヒ或ハ其證書ヲ亡失シ遂ニ權利ヲ伸張スルノ方法ヲ失フニ至ルノ恐レアリ之カ爲メニ世間ノ信用ヲ減少シ其取引

ヲ妨害スルニ至リ大ニ興產ノ途ヲ塞キ世界ノ進步ヲ妨ケタリ然ルニ今ヤ公證人ノ設ケアリテ之ニ依賴シテ公正ノ證書ヲ作ルトキハ契約者ハ勿論其他ノ各人ニ對シテモ完全ノ證據ヲ有シ且ツ義務者其義務ヲ履行セサルニ當リ特ニ法庭ニ出訴スルヲ要セス單ニ裁判所ノ命令ヲ得ルノミヲ以テ權利ヲ執行スルコトヲ得可ク又公正證書ノ原本ハ公證人之ヲ保存ス可キニ依リ幾多ノ歲月ヲ經ルモ全ク證書ヲ亡失スルノ患ヒアルコトナク萬一之ヲ亡失スルコトアルトキハ正本又ハ正式謄本ヲ以テ之ニ代用スルコトヲ得可シ故ニ公證人ノ設置ハ人民ノ爲メニ極メテ便益ノモノタルノミナラス民法、商法、訴訟法等ノ法典ヲ布カルヽノ時ニ於テハ必要ノモノト云フ可シ是レ我カ政府ニ於テ歐

米各文明國ノ法規ニ倣ヒ公證人規則ヲ設ラレシ所以ナリ

公證人規則

第一章　總則

〔註解〕總則トハ此規則全體ノ條ニ通シテ適用ス可キ概則ナリ

（佛）第一條

第一條　公證人ハ人民ノ囑託ニ應シ民事ニ關スル公正證書ヲ作ルヲ以テ職務ト爲ス

〔註解〕公證人ノ職務ハ何人ヲ限ラス一般人民ノ依賴ニ應シ此規則ニ從ヒ民事ニ係ル公正證書ヲ作ルニアリ
民事トハ刑事ノ反對ニシテ民法商法等ニ關スル諸件ヲ廣ク指シ云フ
公正證書トハ人民相互間ニ作ル私證書ノ反對ニシテ其

詳細ハ第三條ノ註解ヲ看ル可シ

第二條　公證人ハ法律命令ニ背キタル事件ノ公正證書又ハ他ノ官吏ノ作ル可キ公證書類ヲ作ルコトヲ得ス若シ之ヲ作リタルトキハ公正ノ効ヲ有セス

〔註解〕公證人ハ明治十九年二月廿四日勅令第一號ニ記シタル法律命令及北海道廳長官警視總監府縣知事等ノ其職權內ニテ發セル布令ニ背キタル事件ノ公正證書又ハ裁判所書記ノ作ル可キ裁判言渡書ノ謄本又ハ郡區戶長ノ作クル可キ戶籍上ノ證書等ヲ作ルコトヲ得ス若シ之ヲ作リタルトキハ其證書ハ公正ノ効ヲ有セサルノミナラス私證書タルノ効ヲモ有セスシテ全ク無効タリ而シ

（佛）第十九條第廿五條

テ本條ヲ犯シタル公證人ハ第七十五條ノ過料ニ處セラル可シ

第三條　公證人ノ作リタル公正證書ハ完全ノ證據ニシテ其正本ニ依リ裁判所ノ命令ヲ得テ執行スル力アルモノトス但刑事裁判所ニ僞造ノ訴アルトキハ其證書ノ執行ヲ中止ス可シ又民事裁判所ニ僞造ノ申立アルトキハ其證書ノ執行ヲ中止スルコトヲ得

〔註解〕公證人ハ司法大臣ノ任スル官吏ニシテ且其規則ヲ犯カストキハ第七十三條以下ノ懲罰ヲ受ク可キ者ナレハ公證人ノ作リタル證書ハ私ノ證書ト異ナリテ何人ニ對スルモ眞正確實ノ證據ト爲ス可シ故ニ義務者其義務

ヲ履行セサルトキハ權利者特ニ裁判所ニ出訴スルヲ要セス公正證書ノ正本ノ末尾ニ記載シタル所(第十四條ノ第二)ニ依リ權利者ヨリ裁判所ニ義務ノ執行ヲ願出裁判所ノ命令ヲ得タル上ニテ義務者ニ對シ其義務ヲ執行セシムルコトヲ得可シ然レ𪜈刑事裁判所ニ主トシテ其證書ノ僞造ヲ訴フル者アルトキハ裁判所ニ於テ其訴ノ裁定ヲ爲スニ至ルマテ證書ノ執行ヲ中止セサルヲ得ス又民事裁判所ニ訴訟ヲ爲ス間ニ其證書ノ僞造タルコトヲ申立ル者アルトキハ裁判所ノ見込ニ依リ證書ノ執行ヲ中止スルコトヲ得可シ

玆ニ公正證書ノ證據力ト私證書ノ證據力トノ差異ヲ略記センニ權利者公正證書ニ依リ義務者ニ其義務ノ履行

ヲ求ムルニ當リ義務者若シ其證書ヲ承認セスト述ルトキハ權利者ニ於テ特ニ其證書眞正ナルノ證ヲ擧ルノ煩ヲ取ルヲ要セス義務者ニ於テ其證書僞造タルノ證ヲ擧ケサルヲ得ス之ニ反シ權利者私證書ニ依リ義務者ニ其義務ノ履行ヲ求ムルニ當リ義務者若シ其證書ヲ承認セスト述ルトキハ權利者ニ於テ其證書眞正ナルノ證ヲ擧ケサルヲ得スシテ義務者ハ其證書僞造タルノ證ヲ擧クルヲ要セス是レ此二種ノ證書ノ間ニ擧證ノ責任ニ付キ差異アル所以ナリ又公正證書ニ記スル年月日ハ契約者相互ノ間ノミナラス何人ニ對シテモ眞正ノモノト爲ス可シト雖モ私證書ニ記スル年月日ハ獨リ契約者雙方ノ間ノミニ於テ眞正ノモノトス可シ

（司法省令甲第二號）第二條第三條第四條（佛）第四條第五條

第四條　公證人ハ治安裁判所ノ管轄地ヲ以テ受持區トシ其區內ニ於テ司法大臣ノ認可ヲ受ケタル町村內ニ住居シ其居宅ニ役場ヲ設ケ役場ニ於テ職務ヲ行フ可シ但役場外ニ住居セントスルトキハ管轄始審裁判所ノ認可ヲ受ク可シ」已ムヲ得サル事件ニ付テハ受持區內ニ限リ役場外ニ於テ其職務ヲ行フ可シ

〔註解〕公證人職務ヲ行フニ付キ錯雜ヲ防ク爲メ其受持區ヲ定メサル可カラス而シテ其受持區ノ廣大ニ過クルトキハ人民ノ不便ヲ生スルヲ以テ治安裁判所ノ管轄地ヲ以テ受持區ト爲シ且人民ノ便益ノ爲メ司法大臣ヨリ公證人ノ住居ス可キ町村ヲ認可シ公證人ハ其認可セヲレ

タル町村内ノ居宅ニ役塲ヲ設クルヲ必要トス然レ𪜈若シ居宅ト役塲トヲ異ニセントスルトキハ管轄始審裁判所ノ認可ヲ受ク可シ若シ本條ノ第一項ニ違ヒタルトキハ公證人第七十六條ノ停職ニ處セラル可シ

囑託人危篤ノ疾病等ニテ公證人ノ役塲ニ到ルコト能ハサル等ノトキハ公證人其受持區内ニ限リ囑託人ノ家ニ赴キテ其職務ヲ行フ可シ而シテ公證人其役塲ヨリ一里以外ノ地ニ赴クトキハ第六十七條ニ從ヒ旅費及日當ヲ受クルコトヲ得

(省令)第一條
(佛)第三十一條

第五條　各區內公證人ノ員數ハ司法大臣之ヲ定ム

〔註解〕　公證人規則施行條例ヲ以テ一受持區ニ五名以下ヲ置クモノトシ若シ公證人ノ員數不足スルトキハ受持區

ニ依リテハ一名モ之ヲ置カサルコトアルモノトナセリ

（省令）第十條ノ第二項、第十三條第十四條第十六條第二十五條

第六條　公證人ハ司法大臣ニ隷屬シ控訴院長始審裁判所長ノ監督ヲ受クルモノトス

〔註解〕公證人ハ司法大臣ノ直接配下ニ在ル官吏ニシテ控訴院長始審裁判所長ハ之ヲ指揮支配スルコト能ハス唯其職務上ノ監督ヲ爲スニ止マルモノナリ

（佛）第六條

第七條　公證人其受持區内ニ於テハ區外人ノ爲メニモ職務ヲ行フ可シ但受持區外ニ於テハ何人ノ爲メニモ職務ヲ行フコトヲ得ス若シ之ヲ行ヒタルトキハ其書類ハ公正ノ効ヲ有セス

〔註解〕公證人ノ受持區ヲ定メタル上ハ其受持區内ニ於テ區内人ノ爲メニ職務ヲ行フ可キハ勿論區外人ノ爲メト

（佛）第三條

雖モ其職務ヲ行フ可シ然レ𪜈受持區外ニ於テハ縱令區内人ノ囑託ニ依ルモ職務ヲ行フコトヲ得ス若シ之ヲ行ヒタルトキハ其書類ハ公正ノ効ヲ有セサルノミナラス公證人第七十五條ノ過料ニ處セラル可シ但其證書ニ契約者ノ署名捺印等ノ具備シタルニ於テハ其證書ハ私證書タルノ効ヲ失ハス

第八條　公證人ハ理由ナクシテ人民ノ囑託ヲ拒ムコトヲ得ス若シ之ヲ拒ミタルトキ囑託人ノ求メアレハ其理由ヲ記シテ渡ス可シ

〔註解〕公證人ハ其受持區内ニ於テハ何人ニ限ラス其囑託ニ應シテ公正證書ヲ作ル可キ職務アル者ナレハ理由ナクシテ囑託ヲ拒ムコトヲ得ス若シ其囑託スル所法律命

令ニ背キタル事件ナル歟又ハ他ノ官吏ノ作ル可キ公證書類ニ係ルカ爲メ其囑託ヲ拒ムトキハ其囑託人ノ求メニ依リ其理由ヲ書面ニ記シテ渡ス可シ公證人若シ本條ニ違ヒタルトキハ第七十三條ノ過料ニ處セラル可シ

第九條　公證人ノ職務執行上ニ關シ不服アル者ハ管轄始審裁判所ニ抗告スルコトヲ得

〔註解〕公證人ノ職務取扱上ニ關シ不服アル者ハ管轄始審裁判所ニ上訴ヲ爲シテ其不服ノ點ノ更正ヲ求ムルコトヲ得然レトモ公證人ハ一個ノ司法官吏タレハ其職務取扱上ニ關シ不服アル者ハ通常ノ訴訟手續ヲ用フ可キニ非ス抗告ト名ツクル一種ノ上訴ノ手續ヲ用ヒ其公證人ニ抗告狀ヲ差出シテ管轄始審裁判所ノ判定ヲ受ク可シ而

シテ抗告手續ノ詳細ハ本卷末尾ノ參照中ニ揭クル明治十九年十一月九日司法省令甲第三號抗告手續ニ就テ看ル可シ

（佛）第十條第四十九條

第十條　公證人ハ公證人何某ト刻シタル方六分ノ役印ヲ作リ其印鑑ニ氏名ヲ手書シ之ヲ管轄始審裁判所及治安裁判所ニ差出ス可シ

前項ノ印鑑ヲ差出サヽル間ハ職務ヲ行フコトヲ許サス若シ之ヲ行ヒタルトキハ其書類ハ公正ノ効ヲ有セス

〔註解〕公證人ハ一個ノ司法官吏タレハ明治八年六月第百拾號太政官達並ニ明治十四年十一月司法省丁第廿壹號達ニ依リ其作ル處ノ公正證書ニ押捺ス可キ役印ヲ作リ

其印鑑ニ自ラ氏名ヲ書シ之ヲ管轄始審裁判所及治安裁判所ニ差出シ置ク可シ然ルトキハ其裁判所ニ於テ後チニ人民ヨリ公證人ノ作リタル公正證書ヲ差出スニ當リ其證書面ノ署名捺印ヲ豫テ公證人ヨリ差出シ置ケル印鑑ニ對照シテ眞僞ヲ識別スルコトヲ得可シ若シ公證人本條ニ違ヒ印鑑ヲ差出サスシテ職務ヲ行ヒタルトキハ其證書ハ公正ノ効ヲ有セス且公證人第七十五條ノ過料ニ處セラル可シ但其證書ニ契約者ノ署名捺印等ノ具備シタルニ於テハ其證書ハ私證書タルノ効ヲ失ハス

第十一條 公證人已ムヲ得サル事故アリテ職務ヲ行フコト能ハサルトキハ近隣ノ公證人ニ代理ヲ囑シ管轄始審裁判所ニ其旨ヲ屆出可シ

〔註解〕公證人病ニ罹リ又ハ一時旅行ヲ爲シ若クハ其他已ムヲ得サル事故アリテ職務ヲ行フコト能ハサルトキハ近隣ノ公證人ニ代理ヲ囑シ其旨ヲ管轄始審裁判所ニ屆出可シ若シ本條ニ違ヒタルトキハ第七十三條ノ過料ニ處セラル可シ

第十二條　公證人ハ筆生ヲ置キ書類ヲ作ル補助ヲ爲サシムルコトヲ得

〔註解〕公證人ノ事務ハ煩雜ナルモノナレハ法律上筆生ヲ置キ之カ補助ヲ爲サシムルコトヲ許セリ而シテ此筆生ハ多クハ公證人ノ見習ニシテ後ニ公證人ノ試驗ヲ受クルモノトス

第十三條　公證人ノ作ル證書及謄本ノ用紙ハ某

始審裁判所管內公證人役塲ト刻シタル罫紙ヲ用フ可シ

〔註解〕公證人ノ作ル證書ハ他ノ官吏ノ公用書類ニ同シク其役塲ヲ指示スル一定ノ罫紙ヲ用フ可シ若シ本條ニ違ヒタル時ハ公證人第七十三條ノ過料ニ處セラル可シ

第十四條　公證人ノ取扱フ可キ書類左ノ如シ

第一　原本　證書ノ本紙ニシテ公證人ノ保存スルモノ

第二　正本　原本ノ全文ヲ記シタルモノニシテ本文義務ノ執行ヲ裁判所ニ願出可キ旨ヲ其末尾ニ記載シタルモノ

第三　抄錄正本　原本ノ一部分ヲ記シ其末尾

ニ前項ト同一ノ記載アルモノ

第四　正式謄本　原本ノ全文ヲ寫シタルモノニシテ原本ニ代ヘ得可キモノ

第五　抄錄正式謄本　原本ノ一部分ヲ抄寫シタルモノニシテ原本ニ代ヘ得可キモノ

第六　謄本　原本ノ全文ヲ寫シタルモノ

第七　抄錄謄本　原本ノ一部分ヲ抄寫シタルモノ

第八　見出帳　日々授受シタル書類ノ番號種類等ヲ順次ニ記入スルモノ

〔註解〕本條ハ次下ノ數條ニ詳記セル所ヲ省略シテ此ニ揭ケ以テ公證人ノ取扱フ可キ各種書類ヲ一目瞭然ナラシ

ム而シテ其第一ノ原本ハ第廿八條以下第二ノ正本第三ノ抄録正本第四ノ正式謄本第五ノ抄録正式謄本ハ第四十三條以下第六ノ謄本第七ノ抄録謄本ハ第五十一條以下第八ノ見出帳ハ第五十五條以下ニ詳カナリ

（省令）第四條ノ第二項及第三項
（佛）第廿二條

第十五條　原本其他書類ノ本書ハ役場ニ之ヲ保存シ他ノ官吏ノ公證ヲ受クル爲メノ外裁判所ノ命令ニ依ルニ非サレハ役場外ニ出スコトヲ得ス

［註解］原本其他書類ノ本書ハ極メテ重要ナルモノナレハ裁判所ノ命令ニ依ルニ非サレハ役場外ニ出スコトヲ得ス然レモ司法又ハ行政官吏ノ面前ニ於テ正本又ハ謄本ト對照スル爲メ原本ヲ差出サヽルヲ得サルトキハ之ヲ

役場外ニ出ス可シ其他書類ノ本書モ之ニ準ス公證人若シ本條ニ違ヒタルトキハ第七十六條ノ停職ニ處セラル可シ

第十六條　裁判所ノ命令ニ依ルノ外關係外ノ者ニ書類ノ謄本ヲ渡ス可カラス

〔註解〕　公證人ハ裁判所ノ命令アルニ非サレハ其作リタル證書ニ關係ナキ者ニ其謄本ヲ渡ス可カラス是レ第十七條ニ公證人其取扱ヒタル公證事件ヲ漏洩ス可カラストト為スト同一ノ理由ニ依ルモノナリ公證人若シ本條ニ違ヒタルトキハ第七十六條ノ停職ニ處セラル可シ

第十七條　公證人ハ其取扱ヒタル公證事件ヲ漏洩ス可カラス

（省令）第十七條第十九條ノ第一項、第二十條第二十二條第二十三條
（佛）第三十三條第三十五條第四十二條

〔註解〕公證人ノ取扱ヒタル公證事件ハ其關係人ノ財產上ニ關シ秘密ヲ要スルコト稀ナラサレハ其事件ヲ他ニ漏洩ス可カラス公證人若シ本條ニ違ヒタル時ハ第七十六條ノ停職ニ處セラル可シ

第二章　公證人ノ選任及試驗

第十八條　公證人タル可キ者ハ左ノ件々ヲ具備スルヲ要ス

第一　滿二十五歲以上ナル事

第二　身元保證金ヲ管轄始審裁判所ニ差入ルヽ事

第三　定式試驗ノ及第證書ヲ有スル事但裁判官撿察官タリシ者及法學士法科大學卒業生

代言人ハ此條件ヲ要セス

第四　丁年者二名以上ニテ其品行ヲ保證スル證書ヲ有スル事

〔註解〕滿二十五年以上ナル事○公證人ナルモノハ人民ノ信用ヲ受ク可キ重用ノ職務アルモノナルカ故ニ一般ノ丁年ハ二十年ナリト雖モ公證人ニ於テハ其年齡ヲ滿二十五年以上トナセリ○身元保證金○公證人職務執行上ノ失錯ノ爲メニ言渡サルヽコトアル可キ第七十三條第七十四條第七十五條ノ過料ヲ納ムルノ用ニ充テ又ハ第七十九條ニ從ヒ他人ニ被ラシメタル損害ヲ賠償スルノ用ニ充ル爲メ第十九條ニ記スル金額ノ定限ニ從ヒ身元保證金ヲ管轄始審裁判所ニ差出ス可ク而シテ其保證金ノ

全額又ハ一部ヲ用ヒタルトキハ更ニ之ヲ補塡ス可キモノトス若シ其保證金ヲ差出サヽル歟又ハ補塡セサルトキハ第七十八條ニ從ヒ司法大臣其公證人ヲ免職ス可シ

(省令)第十八條
(佛)第二十四條

第十九條　保證金ノ額ハ土地ノ狀況ニ從ヒ貳百圓以上五百圓以下ニ於テ豫メ司法大臣之ヲ定ムス

(佛)第三十五條

第二十條　左ニ揭クル者ハ公證人タルコトヲ得ス

第一　公權剝奪若クハ停止中ノ者

第二　盜罪詐僞罪賄賂收受ノ罪及贓物ニ關スル罪ヲ犯シ刑ヲ受ケタル者

第三　身代限ノ處分ヲ受ケ負債ノ辨償ヲ終ヘ

サル者

第四　官吏懲戒令ニ依リ免職セラレタル者

〔註解〕第一　刑法第三十一條以下數條ノ公權剝奪若クハ公權停止中ノ者ハ公證人タルコトヲ得ス然レトモ大赦ニ依リ其剝奪セラレタル權利ヲ回復シ若クハ公權停止ノ期限ヲ終リタル後ハ公證人タルコトヲ得可シ

第二　盜罪即チ刑法第三百六十六條乃至第三百七十七條ノ竊盜ノ罪第三百七十八條乃至第三百八十四條ノ強盜ノ罪第百七十五條ニ記スル官ノ封印ヲ破棄シテ其物件ヲ盜取スル罪第二百八十九條ニ記スル官吏自ラ監守スル所ノ金穀物件ヲ竊取スルノ罪○詐僞罪即チ刑法第二編第四章第一節ヨリ第七節マテノ罪第三百九十條乃

至第三百九十八條ノ詐僞取財ノ罪及受寄財物ニ關スル罪○賄賂收受ノ罪即チ刑法第二百八十四條乃至第二百八十七條ニ記スル賄賂ヲ收受シ又ハ之ヲ聽許スルノ罪○贓物ニ關スル罪即チ刑法第三百九十九條乃至第四百一條ニ記スル贓物ニ關スル罪ヲ犯シタル者ハ終身公證人タルコトヲ得ス然レ𪜈大赦ヲ得タル後ハ公證人タルコトヲ得可シ

第三　身代限ノ處分ヲ受ケ負債ノ辨償ヲ終ヘサル者ハ公證人タルコトヲ得ス

第四　官吏懲戒令ニ依リ免職セラレタル者ハ公證人タルコトヲ得ス

公證人本條ノ第一第二第三ニ記載シタル處分ヲ受ケタ

ルトキハ第七十八條ニ從ヒ司法大臣其職ヲ免ス可シ

（省令）第五條第六條第二十七條（司法省告示第六號）

第二十一條　公證人ヲ試驗スル場所及期日ハ司法大臣之ヲ定メ少ク𪜈二箇月前ニ告示ス可シ

（省令）第十一條

第二十二條　試驗委員ハ控訴院若クハ始審裁判所ノ裁判官二名檢察官一名トシ司法大臣臨時之ヲ命ス

第二十三條　試驗ノ科目ハ公證人規則、民法、訴訟法、商法其他公證人ノ職務ニ關スル法律命令トス

（省令）第十二條第十五條第二十七條

第二十四條　公證人タラント欲スル者ハ願書ニ試驗及第證書ノ寫ヲ添ヘ管轄始審裁判所若クハ控訴院ヲ經テ司法大臣ニ差出ス可シ但裁判官檢察官タリシ者ハ其官記法學士ハ其學位記法科大學卒業生ハ其卒業證書代言人ハ其免許狀ヲ以テ及第證書ニ代フルコトヲ得

（省令）第十六條
（佛）第四十五條

第二十五條　公證人ハ司法大臣之ヲ任ス

（省令）第七條第八條第九條

第二十六條　試驗ノ方法ハ筆記口述ノ二種トス筆記試驗ニ合格セサル者ハ口述試驗ヲ受クルコトヲ得ス

（省令）第十條ノ第一項

（佛）第九條第十一條

第二十七條　試驗及第者ニハ及第證書ヲ授與ス

第三章　證書

第一節　證書ノ原本

第二十八條　公證人證書ヲ作ルニハ其囑託人ノ氏名ヲ知リ面識アルヲ必要トシ且丁年者一名ノ立會人ヲ要ス之ニ違ヒタルトキハ其證書ハ公正ノ効ヲ有セス

公證人囑託人ノ氏名ヲ知ラス面識ナキトキハ其本籍或ハ寄留地ノ郡區長若クハ戸長ノ證明書又ハ公證人氏名ヲ知リ面識アル丁年者二人以上ヲ以テ其人ヲ證セシム可シ之ニ違ヒタル

トキハ其證書ハ公正ノ効ヲ有セス

〔註解〕公證人ハ其何某ト稱スル囑託人カ眞ニ其人ニシテ人違ヒニ非サルコトヲ證明シタル上ニアラサレハ公正證書ヲ作ルコトヲ得ス故ニ公證人自カラ其囑託人ノ氏名ヲ知ルノミナラス面識アルコトヲモ亦必要トシ且丁年者一名ヲシテ其證書ヲ作ルニ付テノ立會人トナラシム可シ若シ公證人囑託人ノ氏名ヲ知ラサル歟又ハ面識ナキトキハ郡區長若クハ戸長ノ證明書ヲ以テ其人違ヒニ非サルコトヲ證セシム可ク又ハ公證人氏名ヲ知リ且面識アル丁年者二名以上ヲシテ其人違ヒニアラサルコトヲ證セシム可シ而シテ此ノ場合ニ於テモ更ニ丁年者一名ヲシテ其證書ヲ作ルニ就テノ立會人トナラシムル

ヲ要ス但人違ヒニアラサルコトヲ證スル丁年者ノ中一名ヲシテ兼テ證書ヲ作ルニ就テノ立會人タラシムルモ妨ケナシ公證人若シ本條ニ違ヒタルトキハ其證書ハ公正ノ効ヲ有セスシテ私證書タルノ効ヲ有ヌルノミトシ且其公證人第七十五條ノ過料ニ處セラル可シ

氏名ヲ知リ面識アル云々〇公證人其囑託人ト舊來ノ親交タルヲ要スルヤ又ハ一時其氏名ト面貌トヲ知ルノミニ過キサルヲ以テ足レリトスルヤハ法律上殊ニ之ヲ定メヌ公證人ノ撰擇ニ任カスモノトス

（佛）第十條

第二十九條　左ニ掲クル者ハ立會人タルコトヲ得ス

第一　公證人及囑託人ノ親屬雇人又ハ公證人

ノ筆生

第二　第二十條ニ掲ケタル者

〔註解〕公證人及囑託人ノ權力ノ下ニ在ル者又ハ之ニ密接ノ緣故アル者若クハ第二十條ニ掲ケタル犯罪者及負債辨償ノ資力ナキ者ハ公正證書ヲ作ルニ就テノ立會人タルコトヲ得サルモノトス但人違ヒニアラサルコトヲ證スル證人タルニ付テハ別ニ本條ノ制限ニ從フヲ要セス

（佛）第十二條第十三條

第三十條　證書ニハ其本旨ノ外左ノ件々ヲ記載ス可シ

第一　囑託人及立會人ノ族籍住所職業氏名年齡

第二　囑託人代理人ナルトキハ委任狀ヲ所持

シタルコト及其本人ノ族籍住所職業氏名年齡

第三　囑託人後見人ナルトキハ後見人タルノ證書ヲ所持シタルコト及其本人ノ族籍住所職業氏名年齡

第四　郡區長戶長ノ證明書ヲ以テ證シタルトキハ其旨又證人ヲ要シタルトキハ其族籍住所職業氏名年齡

第五　證書ヲ作リシ場所及其年月日若シ場所ヲ記セス又ハ年月日ノ記入ヲ遺脫シタルトキハ其證書ハ公正ノ効ヲ有セス

〔註解〕公正證書ニハ其公證事件本文ノ外左ノ諸件ヲ記載

ス可シ

第一　囑託人及立會人ノ族籍等

第二　本人ヨリ直ニ囑託セス代理人ヨリ囑託スルトキハ委任狀所持ノ事及本人ノ族籍等但代理人ノ族籍等ハ記載スルニ及ハス

第三　後見人ヨリ囑託スルトキハ後見人タルノ證書所持ノ事及其本人ノ族籍等但後見人ノ族籍等ハ記載スルニ及ハス

第四　郡區長戸長ノ證明書ヲ以テ人違ヒニ非サルコトヲ證明セシメタルトキハ其旨又公證人氏名ヲ知リ面識アル丁年者二名以上ヲ以テ人違ヒニ非サルコトヲ證セシメタルトキハ其證人ノ族籍等

第五　證書ヲ作リタル場所及年月日

本條第一ヨリ第四ニ至ル迄ノ諸件ハ之ヲ記セスト雖モ其證書ノ公正ノ効ヲ害セス唯公證人第七十三條ノ過料ニ處セラル可シ然レモ囑託人ノ氏名ノ如キハ若シ之ヲ脫スレハ公正ノ効ヲ有セサルノミナラス總テ證書タルノ性質ヲ具ヘサルコト勿論ナリ又第五ノ諸件ヲ記セサルトキハ其證書ハ公正ノ効ヲ有セスシテ私證書ノ効ヲ有スルニ過キス而シテ公證人ハ第七十五條ノ過料ニ處セラル可シ何トナレハ公證人ハ受持區外ニ於テ其職務ヲ行フコトヲ得サルモノナレハ其證書ヲ作リタル場所ヲ明示スルコト極メテ必要ナリトシ又年月日ノ如キハ證書中最モ關係ノ大ナルモノナレハ必ス之ヲ明示セサ

ル可カラサルニ依ル

（佛）第十三條

第三十一條　證書ヲ作ルニハ普通平易ノ語ヲ用ヒ字畫明瞭ナルヲ要ス
接續ス可キ字行ニ空白アルトキハ墨線ヲ以テ之ヲ接續ス可シ
數量並ニ年月日ヲ記スルニハ壹貳參肆伍陸漆捌玖拾陌阡萬ノ字ヲ用フ可シ

〔註解〕公正證書ハ讀易キヲ貴フカ故ニ務メテ普通平易ノ語ヲ用ヒ其明瞭ナルヲ貴フカ故ニ務メテ字畫ノ明瞭ナルヲ要ス又濫リニ書入等ヲ爲スコト能ハサラシムル爲メ此行ト彼行トノ間ニ空白アルトキハ墨線ヲ其空白ノ行ニ引キテ之ヲ接續シ又數字ヲ濫リニ變更シ例ヘハ二

ノ上ニ一ヲ加ヘテ三ト爲スカ如キ弊害ヲ防ク爲メ壹貳參肆伍陸漆捌玖拾陌阡萬ノ字ヲ用フ可シ公證人若シ本條第二項第三項ニ違ヒタルトキハ第七十三條ノ過料ニ處セラル可シ

(佛)第十七條

第三十二條　度量衡貨幣ノ數量、名稱及曆法ハ法律ノ定ムル所ニ從ヒ之ヲ記ス可シ

既ニ廢シタル度量衡、貨幣、曆法又ハ外國ノ度量衡、貨幣、曆法ヲ記セサルヲ得サル場合ニ於テハ之ヲ用フルコトヲ得

〔註解〕公正證書ハ私證書ト異ナリテ法律ノ定ムル所ニ從ヒ度量衡貨幣ノ數量、名稱及曆法ヲ記セサルヲ得ス公證人若シ此規定ニ違ヒタルトキハ第七十三條ノ過料ニ處

セラル可シ然レ圧既ニ廢シタル度量衡、貨幣、暦法若クハ外國ノ度量衡、貨幣、暦法ヲ記セサルヲ得サルノ場合敢テ少ナカラサレハ斯クノ如キ場合ニ於テハ之ヲ用フルモ妨ケナシ

(佛)第十五條第十六條

第三十三條　證書ニ追加改正ヲ爲ストキハ其文字並ニ何行ニ追加改正ヲ爲シタルコトヲ欄外又ハ末尾ノ餘白ニ附記シ公證人並ニ關係人捺印ス可シ又文中消字ヲ爲ストキハ其原字ノ尚ホ明カニ讀得可キコトヲ要ス且何行ニ若干字ヲ消シタルコトヲ欄外又ハ末尾ノ餘白ニ附記シ公證人並ニ關係人捺印ス可シ之ニ違ヒタルトキハ追加、改正、消字ノ効ヲ有セス

(佛)第十二條第十三條第十四條

〔註解〕 本條ハ濫リニ公正證書ニ追加改正ヲ爲シ又ハ文中ニ消字ヲ爲スノ弊害ヲ防クカ爲メニ設ケタルモノニシテ改正追加ヲ爲シタルコトヲ附記シ又ハ消字ヲ爲シタルコトヲ附記シタル所ニ公證人並ニ各關係人捺印スルヲ必要トス若シ本條ノ規定ニ違フトキハ其追加、改正、消字ノ効ナキノミナラス公證人第七十五條ノ過料ニ處セラル可シ

第三十四條 證書ヲ作リタルトキハ關係人ニ讀聞セ其旨ヲ記入シ然ル後ニ公證人並ニ關係人各自署名捺印シ公證人ハ某治安裁判所管內某地住居ト肩書ス可シ

公證人並ニ關係人ノ署名捺印ナキトキハ其證

書ハ公正ノ効ヲ有セス
若シ署名スル能ハサル者アルトキハ明治十年
第五十號ノ布告ニ從フ可シ之ニ違ヒタルトキ
ハ其證書ハ公正ノ効ヲ有セス

〔註解〕公正證書ハ完全ノ證據タル可キモノナレハ關係人即チ契約ヲ爲ス雙方及立會人充分ニ其文面ヲ了知スルヲ要スルカ故ニ公證人公正證書ヲ作リタルトキハ關係人ニ之ヲ讀聞セテ其讀聞セシ旨ヲ記入ス可シ然ル上ニテ後日ノ確證ト爲サンカ爲メ公證人並ニ關係人各自之ニ署名捺印シ公證人ハ某治安裁判所管內某地住居ト肩書ス可シ若シ公證人其證書ヲ讀聞セシコトヲ記入セス又ハ肩書ヲ爲サヽルトキハ第七十三條ノ過料ニ處セラ

ル可シ
若シ公證人ノ署名捺印ナキカ又ハ關係人ノ署名捺印ナキトキハ其證書ハ公正ノ効ヲ有セス且公證人第七十五條ノ過料ニ處セラル可シ但公證人ノ署名捺印ナシト雖モ關係人ノ署名捺印シタルトキハ其證書ハ私證書ノ効ヲ有スルモノトス
若シ關係人中ニ署名スル能ハサル者アルトキハ明治十年第五十號ノ布告ニ從フ可シ若シ之ニ違ヒタルトキハ其證書ハ公正ノ効ヲ有セサルノミナラス私證書タルノ効ヲモ有セサルモノトス而シテ公證人ハ第七十五條ノ過料ニ處セラル可シ
〔明治十年七月第五十號布告〕

諸證人ノ姓名ハ必ス本人自ラ書シテ實印ヲ押スヘシ若シ自書スル能ハサル者ハ他人ヲシテ代書セシムルヲ得ルト雖モ必ス其實印ヲ押スヘシ其代書セシ者ハ本人姓名ノ傍ニ其代書セシ事由ト己レノ姓名トヲ記シテ實印ヲ押スヘシ

但シ本文諸證書トハ契約ノ證書(金穀地所建物貸借賣買讓與預リ證書等凡テ民事上相互ノ契約ニ係ルモノヲ云フ)ニ限ルモノトス

第三十五條 證書ノ綴目合目ニハ公證人並ニ囑託人之ニ捺印ス可シ

〔註解〕濫リニ證書ノ紙數ヲ增減スルノ弊害ヲ防ク爲メ其綴目合目ニハ公證人並ニ囑託人捺印ヲ爲ス可シ公證人

（佛）第八條

若シ之ニ違ヒタルトキハ第七十三條ノ過料ニ處セラル可シ

第三十六條　公證人ハ自己及親屬ノ爲メニ證書ヲ作ルコトヲ得ス其親屬他人ノ代理人タルトキモ亦同シ之ニ違ヒタルトキハ其證書ハ公正ノ効ヲ有セス

〔註解〕公證人ハ不正ノ嫌疑ヲ避クル爲メ自己及親屬ノ爲メニ公正證書ヲ作ルコトヲ許サス之ニ違ヒタルトキハ其證書ハ公正ノ効ヲ有セスシテ私證書タルノ効ヲ有スルニ過キスシテ公證人ハ第七十五條ノ過料ニ處セラル可シ

第三十七條　公證人若シ囑託人ノ爲メ訴訟代人

若クハ代言人ト爲リ又ハ爲リタルコトアルトキハ其訴訟事件ニ付キ證書ヲ作ルコトヲ得ス之ニ違ヒタルトキハ其證書ハ公正ノ効ヲ有セス

〔註解〕 公證人若シ囑託人ノ爲メニ現ニ訴訟代人若クハ代言人ト爲リ又ハ曾テ訴訟代人若クハ代言人ト爲リタルコトアルトキハ前條ト同シキ理由ニ依リ其訴訟事件ニ付キ公正證書ヲ作ルコトヲ許サス若シ之ニ違ヒタルトキハ其證書ハ公正ノ効ヲ有セスシテ私證書タルノ効ヲ有スルニ過キス而シテ公證人ハ第七十五條ノ過料ニ處セラル可シ

第三十八條 公證人ハ自己親屬立會人又ハ證人

（佛）第八條

（佛）第二十條

ノ爲メニ利益アル條件ヲ證書中ニ記ス可カラス若シ之ヲ記シタルトキハ其條件ハ無効トス

〔註解〕公證人ハ前條ト同シキ理由ニ依リ自己及親屬ノ爲メ並ニ第二十八條第一項ノ立會人及同條第二項ノ證人ノ爲メニ利益アル條件ヲ公正證書中ニ記スルコトヲ許サス若シ之ニ違ヒタルトキハ其記シタル條件ハ無効ニシテ且公證人ハ第七十五條ノ過料ニ處セラル可シ

第三十九條　公證人ハ證書ノ原本ヲ保存ス可シ若シ之ヲ保存セス又ハ亡失シタル場合ニ於テ第四十七條ノ手續ヲ爲サヽルトキハ其證書ハ公正ノ効ヲ有セス

〔註解〕公證人若シ原本ヲ保存セサルカ又ハ之ヲ亡失シタ

ル場合ニ於テ第四十七條ニ依リ管轄始審裁判所ノ認可ヲ經タル上正本又ハ正式謄本ヲ原本トシテ保存スルノ手續ヲ爲サヽルトキハ其證書ハ公正ノ効ヲ有セスシテ私證書タルノ効ヲ有スルニ過キス而シテ公證人ハ第七十五條ノ過料ニ處セラル可シ

第四十條　囑託人若シ代理人又ハ後見人ナルトキハ其委任狀又ハ其證書ノ寫ヲ原本ニ連綴ス可シ其寫ニハ本書ト對照シ相違ナキ旨ヲ附記シ公證人並ニ關係人署名捺印シ其寫ト本書トニ割印ス可シ

〔註解〕公證人ハ第三十條ノ第二及第三ノ場合ニ於テハ代理委任狀又ハ後見人タル證書ノ寫ヲ亡失スルコトナカ

ラシムル爲メ之ヲ原本ニ連綴シ置ク可シ且其寫ノ本書ニ相違セサル旨ヲ證明スル爲メ本書ト對照シテ相違ナキ旨ヲ其寫ニ附記シテ公證人並ニ關係人署名捺印シ其寫ト本書トニ割印ス可シ公證人之ニ違ヒタルトキハ第七十三條ノ過料ニ處セラル可シ

第四十一條　證書ニ關係ノ書類ハ之ヲ原本ニ連綴スルコトヲ得之ヲ連綴シタルトキハ其旨ヲ原本ノ欄外又ハ末尾ニ附記シ公證人並ニ關係人捺印ス可シ

〔註解〕證書ニ關係ノ書類ハ前條ニ同シキ理由ニ依リ之ヲ原本ニ連綴スルコトヲ得而シテ之ヲ連綴シタルトキハ其旨ヲ原本ノ欄外又ハ末尾ニ附記シテ公證人並ニ關係

八捺印ス可シ公證人之ニ違ヒタルトキハ第七十三條ノ過料ニ處セラルヽ可シ

第四十二條　原本ニハ證券印税規則ニ定メタル印紙ヲ貼用ス可シ

〔註解〕公正證書ハ其原本ニ限リ明治十七年五月第十一號布告證券印税規則ニ定メタル印紙ヲ貼用ス可シ之ニ違ヒタルトキハ其貼用セサル者同規則ノ罰ニ處セラレ且公證人ハ第七十三條ノ過料ニ處セラルヽ可シ

第二節　正本及謄本

第四十三條　正本ハ數量ノ定リタル金錢其他換用物若クハ有價證券ノ支辨ニ限リ權利者ノ請求ニ依リ之ヲ渡ス可シ之ニ違ヒタルトキハ正

本ノ効ヲ有セス

正式謄本及抄錄正式謄本ハ權利者ノ請求ニ依リ之ヲ渡ス可シ

〔註解〕正本ハ第三條ニ記シタル如ク裁判所ノ命令ヲ得テ執行スルノ力アルモノナレハ數量ノ定リタル金錢ノ支辨例ヘハ金何圓何十錢ト其量額ノ定リタル支辨ノ塲合又ハ此彼互ニ換用スルコトヲ得可キ物品例ヘハ米穀ノ類ノ何石何斗ト其數量ノ定リタル支辨ノ塲合若クハ有價證劵例ヘハ公債證書、銀行會社ノ株劵、爲替手形、約束手形等ノ額數ノ定リタル支辨ノ塲合ニ限リ權利者ノ求メニ依テ之ヲ渡ス可シト雖モ損害賠償ノ要求又ハ金錢米穀等ノ數量ノ未タ定ラサル支辨要求ノ塲合ノ如キハ權利者ノ求アリト雖モ正本ヲ渡ス可カラス公證人若シ右ノ規定ニ違ヒタルトキハ其渡シタル正本ハ正本タルノ効ヲ有セスシテ且公證人第七十四條ノ過料ニ處セラル可シ

正式謄本及抄錄正式謄本ハ管轄始審裁判所ノ認可ヲ經タル上亡失セシ原本ニ代用スル爲メ保存ス可キモノナレハ支辨ス可キモノヽ數量定リタルト否トヲ問ハス權利者ノ求メニ依リ之ヲ渡ス可シ

第四十四條　正本又ハ正式謄本ハ原本ト同時ニ又ハ原本ヲ作リタル後ニ於テ之ヲ作ルコトヲ得原本ト同時ニ作ルトキハ關係人ノ面前ニ於テシ原本ヲ作リタル後ニ作ルトキハ更ニ義務

者ノ立會ヲ以テス可シ義務者出席セサルトキハ正本又ハ正式謄本ヲ求ムル者ヨリ管轄始審裁判所ニ出願シ其命令ニ依テ他ノ公證人一員又ハ裁判所ノ裁判官撿察官又ハ書記一員ノ立會ヲ以テ之ヲ作ル可シ之ニ違ヒタルトキハ其効ヲ有セス

裁判所ノ命令ニ依テ正本又ハ正式謄本ヲ作リタルトキハ其末尾並ニ原本ノ末尾ニ其旨ヲ附記シ其命令書ハ之ヲ原本ニ連綴ス可シ

〔註解〕正本ハ執行力ヲ有シ且亡失セシ原本ニ代用ス可キノ効アリ又正式謄本ハ執行力ナシト雖モ正本ニ均シク亡失セシ原本ニ代用ス可キ効アルモノナレハ原本ト同

時ニ之ヲ作ルトキハ關係人ノ面前ニ於テスルヲ必要トシ又原本ヲ作リタル後ニ作ルトキハ更ニ義務者ヲ立會ハシムルコトヲ必要トス然レ𪜈義務者若シ出席セサルトキハ正本又ハ正式謄本ヲ求ムル權利者ヨリ管轄始審裁判所ニ出願シ公證人其命令ニ依テ他ノ公證人一員又ハ始審裁判所若クハ治安裁判所ノ裁判官撿察官又ハ書記一員ノ立會ヲ以テ之ヲ作ル可シ之ニ違ヒタルトキハ正本又ハ正式謄本ノ効ヲ有セス且公證人ハ第七十四條ノ過料ニ處セラル可シ

裁判所ノ命令ニ依テ正本又ハ正式謄本ヲ作リタルトキハ附記及連綴ノ手續ヲ爲ス可ク公證人若シ之ニ違ヒタルトキハ第七十三條ノ過料ニ處セラル可シ

第四十五條　正本又ハ正式謄本ヲ作ルトキハ第三十一條第三十三條第三十四條第三項及第三十五條ノ規定ニ依ル可シ
正本又ハ正式謄本ニハ權利者ノ氏名並ニ之ヲ作リタル年月日及場所ヲ記シ公證人並ニ義務者署名捺印ス可シ前條第一項ノ場合ニ於テハ公證人及他ノ公證人又ハ裁判所ノ官吏署名捺印ス可シ之ニ違ヒタルトキハ其効ヲ有セス

〔註解〕正本又ハ正式謄本ヲ作ルトキハ原本ニ關スル第三十一條第三十三條第三十四條ノ第三項及第三十五條ノ規定ニ依ル可シ公證人若シ之ニ違ヒタルトキハ右各條ノ規定ニ違ヒタルトキニ同シキ過料ニ處セラル可シ

正本又ハ正式謄本ニハ權利者ノ氏名並ニ之ヲ作リタル年月日及場所ヲ記シ原本ト同時ニ作リ又ハ原本ヲ作リタル後ニ義務者ノ立會ヲ以テ作リタルトキハ公證人並ニ義務者署名捺印ス可シ又義務者出席セスシテ作リタルトキハ公證人及他ノ公證人一員又ハ裁判所ノ裁判官檢察官書記一員署名捺印ス可シ之ニ違ヒタルトキハ正本又ハ正式謄本ノ効ヲ有セス且公證人第七十四條ノ過料ニ處セラル可シ

第四十六條　正本又ハ正式謄本ヲ渡シタルトキハ原本ノ末尾ニ其旨ト年月日トヲ附記シ權利者ヲシテ署名捺印セシム可シ

〔註解〕正本又ハ正式謄本ハ裁判所ノ命令アルニ非サレハ

再度渡スコトヲ得サルモノナレハ之ヲ渡シタルトキハ原本ノ末尾ニ其渡シタル旨ト年月日トヲ附記シ權利者ヲシテ署名捺印セシム可シ公證人若シ之ニ違ヒタルトキハ第七十三條ノ過料ニ處セラル可シ

第四十七條　正本又ハ正式謄本ハ原本ノ亡失シタルトキ管轄始審裁判所ノ認可ヲ經之ヲ原本トシテ保存ス可シ

〔註解〕若シ原本ノ亡失シタルトキハ之ニ代用ス可キモノナカル可カラス然ルニ正本及正式謄本ハ大抵原本ト同一ノ方法ヲ以テ作リタルモノナレハ原本ノ亡失セシトキ管轄始審裁判所ノ認可ヲ經タル上之ヲ原本ニ代ヘテ保存ス可シ

第四十八條　數事件ヲ列記シ數人各自ニ關係ヲ異ニスル證書ハ權利者ノ請求ニ依リ其有用ノ部分ヲ抄錄シテ正本又ハ正式謄本ヲ作ルコトヲ得

正本又ハ正式謄本ヲ渡シタル者ニハ更ニ抄錄正本又ハ抄錄正式謄本ヲ渡ス可カラス又抄錄正本又ハ抄錄正式謄本ヲ渡シタル者ニハ更ニ正本又ハ正式謄本ヲ渡ス可カラス之ヲ渡スト雖モ其効ヲ有セス

〔註解〕各自關係ヲ異ニスル數人ニ關スル證書ニ數事件ヲ列記シタルモノハ多クハ長文ニ涉ルヲ以テ各個ノ權利者敢テ其全文ノ正本又ハ正式謄本ヲ受クルヲ要セス各

自己レニ關スル部分ノ抄錄正本若クハ抄錄正式謄本ヲ受取ルコトヲ得可シ然レ𪜈同一ノ人ニ再度正本又ハ正式謄本ヲ渡スコトヲ得サルニ依リ正本ヲ受取リタル者ニハ更ニ抄錄正本ヲ渡ス可カラス抄錄正本ヲ受取リタル者ニハ更ニ正本ヲ渡ス可カラス又正式謄本ヲ受取リタル者ニハ更ニ抄錄正式謄本ヲ渡ス可カラス抄錄正式謄本ヲ受取リタル者ニハ更ニ正式謄本ヲ渡ス可カラス之ヲ渡スト雖モ其渡シタル書類ノ効ヲ有セス而シテ公證人ハ第七十四條ノ過料ニ處セラル可シ

（佛）第二十六條

第四十九條　正本又ハ正式謄本ハ管轄始審裁判所ノ命令アルニ非サレハ再度之ヲ渡スコトヲ得ス之ヲ渡スト雖モ其効ヲ有セス

再度以上正本又ハ正式謄本ヲ得ント欲スル者ハ其事由ヲ具シテ管轄始審裁判所ニ願出ツ可シ管轄始審裁判所ハ原本ヲ保存スル公證人ニ其正本又ハ正式謄本ヲ渡ス可キコトヲ命スルコトアル可シ

其正本又ハ正式謄本ニハ幾度ノ正本又ハ正式謄本ナルコトヲ末尾ニ附記シ公證人署名捺印ス可シ之ニ違ヒタルトキハ其効ヲ有セス

〔註解〕一回正本ヲ受取リタル者ニ更ニ正本ヲ渡シ又ハ一回正式謄本ヲ受取リタル者ニ更ニ正式謄本ヲ渡ストキハ弊害ヲ生スルノ恐レアレハ再度之ヲ渡スコトヲ許サス公證人若シ之ニ違ヒタルトキハ第七十四條ノ過料ニ

處セラルル可シ然レモ既ニ正本又ハ正式謄本ヲ受取タル者之ヲ亡失スル等ノコトアリテ其事由ヲ具シテ管轄始審裁判所ニ願出ツルトキハ裁判所ニ於テ原本ヲ保存スル公證人ニ再度ノ正本又ハ正式謄本ヲ渡スコトヲ命スルコトアル可シ此場合ニ於テハ其正本又ハ正式謄本ニ再度ノ正本又ハ正式謄本タルコトヲ附記シ公證人署名捺印ス可シ之ニ違ヒタルトキハ正本又ハ正式謄本タルノ効ヲ有セス且公證人第七十四條ノ過料ニ處セラルル可シ

第五十條　抄錄正本又ハ抄錄正式謄本ハ總テ正本又ハ正式謄本ト同一ノ手續ニ依リ之ヲ作ル可シ其効力モ亦同シ

〔註解〕抄錄正本又ハ抄錄正式謄本ハ畢竟正本又ハ正式謄本ヲ抄錄シタルニ過キサルモノナレハ正本及正式謄本ニ關スル第四十四條以下ノ手續ニ依リ之ヲ作ラサル可カラス之ニ違ヒタルトキハ同條以下各條ニ違ヒタルトキト同一ノ罰ヲ受ク可シ而シテ其効力モ亦正本又ハ正式謄本ト同一ノモノトス但抄錄正本ヲ渡スニ付キ第四十三條第一項ノ規定ニ從フ可キハ固トヨリ言ヲ待タス

第五十一條　證書ノ謄本及其附屬書類ノ寫ハ關係人ノ求メニ應シ之ヲ渡ス可シ

〔註解〕證書ノ通常ノ謄本及其附屬書類ノ寫ハ正本又ハ正式謄本ヲ作ルニ就テノ法式ヲ要セス凡ソ其證書ニ關係アル各人ノ求メニ應シ幾回ニテモ之ヲ渡スコトヲ得可

キモノトス

第五十二條　謄本ニハ原本ノ全文ヲ寫シ其末尾ニ謄本ト記シ公證人署名捺印ス可シ

〔註解〕通常ノ謄本ハ正本又ハ正式謄本ト異ナリテ嚴密ナル法式ヲ要セスト雖モ原本ノ全文ヲ寫シテ其末尾ニ謄本ト記シ公證人署名捺印スルノ式ヲ行フ可シ公證人若シ之ニ違ヒタルトキハ第七十三條ノ過料ニ處セラル可シ

第五十三條　抄錄謄本ニハ原本ノ年月日及囑託人ノ族籍住所職業氏名ヲ記シ末尾ニ抄錄謄本ト記シ公證人署名捺印ス可シ

〔註解〕抄錄謄本ハ原本中請求者ニ關係アル部分ヲ抄錄シ

タルモノナレハ原本ノ年月日及囑託人ノ族籍住所職業氏名ヲ記シ末尾ニ抄錄謄本ト記シ公證人署名捺印ス可キモノトス公證人之ニ違ヒタルトキハ第七十三條ノ過料ニ處セラル可シ

第五十四條　管轄始審裁判所ノ命令ニ依リ關係外ノ者ニ謄本ヲ渡シタルトキハ其命令書ヲ原本ニ連綴シ末尾ニ命令書ヲ受ケタル旨並ニ年月日ヲ附記シ受取人ヲシテ署名捺印セシム可シ

〔註解〕第十六條ニ從ヒ管轄始審裁判所ノ命令ニ依リ關係外ノ者ニ謄本ヲ渡シタルトキハ其命令アリタルコトヲ證明スル爲メ其命令書ヲ原本ニ連綴シ末尾ニ命令書ヲ

受ケタル旨並ニ年月日ヲ附記シ受取人ヲシテ署名捺印セシム可シ公證人之ニ違ヒタルトキハ第七十三條ノ過料ニ處セラル可シ

第三節　見出帳

第五十五條　公證人ハ見出帳ヲ作リ記入前管轄始審裁判所ニ差出シ綴目合目ニ其所長ノ官印ヲ受ク可シ

（佛）第廿九條第三十條

〔註解〕公證人ハ其日々取扱フ書類ノ索引ニ供スル爲メ見出帳ヲ作リ而シテ濫リニ紙數ヲ增減スルノ弊害ヲ防ク爲メ記載ヲ爲ス前ニ其見出帳ヲ管轄始審裁判所ニ差出シ綴目合目ニ其所長ノ官印ヲ受ク可シ公證人之ニ違ヒタルトキハ第七十三條ノ過料ニ處セラル可シ

第五十六條　見出帳ニハ日々取扱ヒタル書類中ヨリ第三十一條及第三十三條ノ規定ニ從ヒ左ノ件々ヲ記入ス可シ

第一　囑託人ノ住所氏名

第二　書類ノ番號種類

第三　書類ヲ取扱ヒタル年月日

〔註解〕見出帳ハ前條ノ註解ニ記シタル如ク日々取扱ヒタル書類索引ノ便ニ供スルニ過キサルモノナレハ其書類ヲ詳細ニ記載スルヲ要セス單ニ囑託人ノ住所氏名、書類ノ番號種類、之ヲ取扱ヒタル年月日ノミヲ第三十一條及第三十三條ノ規定ニ從ヒ記入ス可キモノトス

第四節　兼任及書類ノ授受

本節第五十七條ヨリ第六十三條迄ノ各條ハ(佛)第五十二條ヨリ第六十一條迄ノ各條ヲ參觀ス可シ
(省令)第二十四條ノ第一項、第二十五條

第五十七條　公證人死去失踪免職辭職轉職又ハ他ノ役場ニ轉シテ直ニ後任者ノ命セラレサル場合又ハ停職ノ場合ニ於テハ管轄始審裁判所ハ近隣ノ公證人ニ命シテ其事務ヲ兼任セシム可シ

役場ヲ廢シタルトキハ書類ノ引繼ヲ近隣ノ公證人ニ命ス可シ

〔註解〕

轉職トハ他ノ官職ニ轉任スルヲ云フ

直ニ後任者ノ命セラレサル場合○後任者ノ直ニ命セラル丶ヲ以テ通例ト爲スト雖モ時宜ニ依リ後任者ノ直ニ命セラレサルトキハ其命セラル丶ニ至ル迄近隣ノ公證

人ヲシテ其事務ヲ兼任セシムル可シ其一時兼任スル者ヲ稱シテ兼任者ト云フ

第五十八條　前條ノ場合ニ於テ兼任者ナキトキ其他必要ト見認ムル場合ニ於テハ管轄始審裁判所ハ直ニ其役場ノ書類ニ封印ヲ爲ス可シ

〔註解〕

其他必要ト見認ムル場合○兼任者アリト雖モ兼任者直ニ其本任者ノ役場ニ於テ職務ヲ行フコト能ハサル等ノ場合ニ於テハ書類ノ亡失毀損等ヲ防ク爲メ直ニ其役場ノ書類ニ封印ヲ爲ス可シ

第五十九條　公證人免職辭職轉職又ハ他ノ役場ニ轉シタル場合ニ於テハ後任者又ハ兼任者ハ

前任者ト立會ヒ書類ノ提要目錄ヲ作リ共ニ署名捺印シテ授受ス可シ
死去失踪其他ノ事故ニ因リ引渡人ナキ場合ニ於テハ後任者又ハ兼任者ハ管轄始審裁判所ノ官吏ト立會ヒ提要目錄ヲ作リ受取ル可シ
書類封印後ニ命セラレタル後任者又ハ兼任者ハ管轄始審裁判所ノ官吏ト立會ヒ封印ヲ解キ提要目錄ヲ作リ受取ル可シ
後任者又ハ兼任者ハ提要目錄ヲ作リタル日ヨリ一月以內ニ其目錄ノ寫一通ヲ管轄始審裁判所ニ差出ス可シ

〔註解〕

書類ノ提要目錄トハ引繼ク可キ書類ヲ列記シタル目錄ヲ云フ

書類封印後ニ命セラレタル後任者又ハ兼任者○第五十八條ノ場合ニ於テ命セラレタル後任者又ハ兼任者ヲ云フ

後任者又ハ兼任者本條第四項ニ違ヒタルトキハ第七十三條ノ過料ニ處セラル可シ

第六十條　公證人停職ノ場合ニ於テハ兼任者ハ第五十九條ノ手續ヲ爲スニ及ハス書類ノ保存ハ停職者之ヲ擔當ス可シ
兼任者ハ停職者ノ役場ニ於テ其職務ヲ行フ可シ

〔註解〕公證人停職ノ場合ニ於テハ停職者ハ後ニ復任ス可キニヨリ兼任者ハ停職者又ハ裁判所官吏ト立會ヒ提要目錄ヲ作ル等ノ手續ヲ爲スニ及ハス停職者自ラ書類ノ保存ヲ擔任ス可ク而シテ兼任者ハ停職者ノ役場ニ於テ職務ヲ行フ可シ

第六十一條　兼任者引繼ノ書類ヲ更ニ他ノ公證人ニ引渡ストキハ其命ヲ受ケタル日ヨリ三日以内ニ自己ノ引繼キタルトキノ目錄ニ依テ引渡ヲ爲シ其始末書ヲ作リ受繼人ト共ニ署名捺印ス可シ
受繼人ハ始末書ヲ作リタル日ヨリ一月以内ニ其寫一通ヲ作リ管轄始審裁判所ニ差出ス可シ

（省令）第二十四條ノ第二項、第二十五條

〔註解〕兼任者引繼キノ書類ヲ後任者又ハ他ノ兼任者ニ引渡ストキハ三日以内ニ曾テ自己ノ引繼キタルトキノ提要目錄ニ依テ引渡ヲ爲シ其引渡ノ始末書ヲ作リ受繼人タル後任者又ハ他ノ兼任者ト共ニ署名捺印ス可シ而シテ其受繼人ハ一月以内ニ其始末書ノ寫一通ヲ管轄始審裁判所ニ差出ス可シ若シ之ニ違ヒタルトキハ第七十三條ノ過料ニ處セラル可シ

第六十二條　停職者復任スルトキハ管轄始審裁判所ヨリ兼任者ニ解任ヲ命ス可シ

第六十三條　前任者ノ作リタル原本ニ依テ後任者正本又ハ謄本ヲ渡ストキハ其受繼人タル旨

ヲ附記ス可シ
本任者ノ作リタル原本ニ依テ兼任者正本又ハ謄本ヲ渡ストキハ兼任者タル旨ヲ附記ス可シ
〔註解〕後任者又ハ兼任者本條ノ規定ニ違ヒタルトキハ第七十三條ノ過料ニ處セラル可シ

第四章　手數料及旅費日當

第六十四條　公證人ハ此章ニ定メタル程限ニ從ヒ囑託人ヨリ手數料及旅費日當ヲ受クルコトヲ得

第六十五條　手數料ハ原本一枚ニ付キ貳拾五錢正本及謄本ハ一枚ニ付キ拾錢但一行二十字二

十行ヲ以テ一枚トシ十行以上ハ一枚十行以下ハ半枚ヲ以テ算ス

〔註解〕

正本トハ正本及抄錄正本ヲ併セ云フ

謄本トハ正式謄本、抄錄正式謄本及謄本、抄錄謄本ヲ併セ云フ

十行以上ハ一枚十行以下ハ半枚ヲ以テ算ス○十行以上二十行以下ハ總テ一枚ノ割合ヲ以テ手數料ヲ算シ十行以下ハ總テ半枚ノ割合ヲ以テ手數料ヲ算ス可シ

第六十六條　囑託人ノ求メニ依リ先ツ證書ノ草案ヲ渡シ後其原本ヲ作リタルトキハ草案ノ手數料ヲ別ニ請求スルコトヲ得ス但其原本ヲ作

ラサルトキハ原本手數料ノ半額ヲ受クルコトヲ得

〔註解〕公證人證書ノ草案ヲ渡シ後其原本ヲ作リタルトキハ原本ノ手數料ヲ受クルニ依リ別ニ草案ノ手數料ヲ請求スルコトヲ得ス然レ圧草案ヲ渡シタル後原本ヲ作ラサルトキハ原本ノ手數料ヲ受ケサルニ依リ草案ノ手數料トシテ原本手數料ノ半額ヲ受クルコトヲ得可シ

第六十七條　公證人其役場ヨリ一里以外ノ地ニ往テ職務ヲ行フトキハ往返トモ旅費トシテ一里每ニ貳拾錢ヲ受クルコトヲ得其職務ヲ行フ爲メ或ハ災變ノ爲メニ其場所又ハ途中ニ滯留スルトキハ日當七拾錢ヲ受クルコトヲ得

〔註解〕公證人第四條ノ第二項ニ記スルカ如ク已ムヲ得サル事件ニ付キ人民ノ囑託ニ應シ受持區內ニ於テ役場ヨリ一里以上ノ地ニ往テ職務ヲ行フトキハ往返共一里每ニ貳拾錢ノ旅費ヲ受クルコトヲ得可シ又一日ニ往返ス可キトキハ別ニ日當ヲ受クルヲ得スト雖モ若シ其職務ヲ行フ爲メ又ハ災變ノ爲メニ其場所若クハ途中ニ滯留スルトキハ日當トシテ每日七拾錢ヲ受クルコトヲ得可シ

第六十八條　兼任者本任者ニ代リテ其職務ヲ行フトキハ其手數料ハ總テ兼任者之ヲ受ク可シ

〔註解〕第十一條ノ場合ニ於テハ手數料ノ事ニ付キ法律上別ニ規定ヲ設ケス甲公證人ト乙公證人トノ間ノ協議ニ任カストト雖モ裁判所ヨリ命セラレタル兼任者本任者ニ

代リテ職務ヲ行フトキハ兼任者總テ其手數料ヲ受ク可キモノトス

第六十九條　手數料ノ外證劵印紙並ニ罫紙ノ代價ハ囑託人ヨリ之ヲ受クルコトヲ得

〔註解〕第四十二條ニ記スル證劵印紙並ニ第十三條ニ記スル罫紙ノ代價ハ公證人手數料ノ外ニ囑託人ヨリ之ヲ受クルコトヲ得

第七十條　囑託人ノ求メアルトキハ手數料等ノ計算書ヲ與フ可シ

第七十一條　手數料等ニ係リ爭ノ生シタルトキハ其金額ニ拘ハラス管轄始審裁判所ニ訴フ可シ

〔註解〕公證人ノ職務執行上ノ事件ニ關シテハ第九條ニ記スル如ク總テ始審裁判所ノ管轄ヲ受クルモノナルニ依リ手數料、旅費、日當等ニ關シ爭ノ生シタルトキハ其金額ノ如何ニ寡少ナルニ拘ハラス之ヲ治安裁判所ニ訴ヘスシテ管轄始審裁判所ニ訴フ可キモノトス

第五章　懲罰

第七十二條　公證人此規則ヲ犯シタル時ハ管轄始審裁判所ニ於テ第七十三條ヨリ第七十六條マテニ定メタル規定ニ依リ處分ス可シ

〔註解〕公證人此規則ヲ犯シタル時ハ管轄始審裁判所ニ於テ次ノ四條ノ規定ニ從ヒ懲罰ノ處分ヲ爲ス可シ然レ𪜈其處分タルヤ民事裁判所ノ處分ニシテ通常刑事裁判所

ノ判決ト異ナルモノナレハ治罪法ノ手續ニ從ヒ之ニ對シテ控訴上告ヲ爲スコトヲ許サス只第七十七條ニ從ヒ管轄控訴院ニ抗告スルコトヲ得可キモノトス

第七十三條　左ノ違犯ハ五十錢以上一圓九十五錢以下ノ過料ニ處ス

第八條ニ違ヒタル時

第十一條ニ違ヒタル時

第十三條ニ違ヒタル時

第三十條ノ第一第二第三第四ノ規定ニ違ヒタル時

第三十一條ノ第二項又ハ第三項ニ違ヒタル時

第三十二條ノ第一項ニ違ヒタル時

第三十四條ノ第一項ニ違ヒ讀聞セシコトヲ記入セス又ハ肩書ヲ爲サヽリシ時
第三十五條ニ違ヒタル時
第四十條ニ違ヒタル時
第四十一條ニ違ヒタル時
第四十二條ニ違ヒタル時
第四十四條ノ第二項ニ違ヒタル時
第四十六條ニ違ヒタル時
第五十二條ニ違ヒタル時
第五十三條ニ違ヒタル時
第五十四條ニ違ヒタル時
第五十五條ニ違ヒタル時

第五十九條ノ第四項ニ違ヒタル時
第六十一條ニ違ヒタル時
第六十三條ニ違ヒタル時

〔註解〕
過料○科料及罰金ト言ハスシテ過料ト言フハ刑法上ノ罰ニアラサルコトヲ示メスノ主意ニ出テ明治十七年一月第一號布告賭博犯處分規則ノ語ヲ用ヒタルモノナリ

第七十四條　左ノ違犯ハ二圓以上五圓以下ノ過料ニ處ス
第四十三條ニ違ヒタル時
第四十四條ノ第一項ニ違ヒタル時
第四十五條ノ第二項ニ違ヒタル時

第四十八條ノ第二項ニ違ヒタル時
第四十九條ノ第一項又ハ第三項ニ違ヒタル時

第七十五條　左ノ違犯ハ五圓以上三十圓以下ノ過料ニ處ス
第二條ニ違ヒタル時
第七條ニ違ヒタル時
第十條ノ第二項ニ違ヒタル時
第二十八條ニ違ヒタル時
第三十條ノ第五ノ規定ニ違ヒタル時
第三十三條ニ違ヒタル時
第三十四條ノ第二項又ハ第三項ニ違ヒタル時

第三十六條ニ違ヒタル時
第三十七條ニ違ヒタル時
第三十八條ニ違ヒタル時
第三十九條ニ違ヒタル時

第七十六條　左ノ違犯ハ一月以上四月以下ノ停職ニ處ス
第四條ノ第一項ニ違ヒタル時
第十五條ニ違ヒタル時
第十六條ニ違ヒタル時
第十七條ニ違ヒタル時

第七十七條　公證人前數條ニ掲ケタル懲罰處分ニ對シ不服アルトキハ管轄控訴院ニ抗告スルコトヲ得但抗告ハ其處分ノ執行ヲ停止スルノ効力ナキモノトス

〔註解〕前數條ノ懲罰處分ハ民事上ノ處分ニシテ刑事ノ判決ニアラサレハ控訴上告ヲ爲スコトヲ許サスト雖モ其處分ニ對シテ不服アル公證人ハ管轄控訴院ニ抗告ヲ爲スコトヲ得可シ而シテ抗告ハ控訴ト異ナリテ其處分ノ執行ヲ停止スルノ効力ナキモノトス但抗告手續ノ詳細ハ本卷末尾ノ參照中ニ掲クル明治十九年十一月九日司法省令甲第三號抗告手續ニ就テ看ル可シ

第七十八條　公證人停職ニ當ル所爲三度ニ及ヒ

ノ第二項（第二十一條（佛）第三十三條

タルトキハ司法大臣其職ヲ免ス

第二十條ノ第一第二第三ニ記載シタル處分ヲ受ケ又ハ身許保證金ヲ差入レサルトキ亦前項ニ同シ

〔註解〕本條ハ其辭句ニノミ拘泥スルトキハ公證人其職務執行上ノ失錯ノ爲メ既ニ二回停職ノ懲罰處分ヲ受ケ更ニ復タ停職ノ懲罰ニ當ル失錯ヲ爲シタルトキハ第三回ノ停職處分ヲ爲サスシテ司法大臣直ニ之ヲ免職ス可キカ如クナレトモ實際裁判ヲ爲スモノハ裁判官ニシテ司法大臣ニアラサルヲ以テ其裁判ヲ爲シタル後ニアラサレハ停職ニ當ル所爲三度ニ及ヒタルヤ否ヤヲ知ル能ハサレハ既ニ第三回ノ停職處分ヲ受ケタル後司法大臣其職ヲ

免スルモノト解セサルヲ得ス是レ蓋シ立法者ノ精神ナラン

又公證人第二十條ノ第一ニ記スル公權剝奪若クハ停止第二ニ記スル盜罪、詐僞罪、賄賂收受ノ罪及贓物ニ關スル犯罪ノ處刑、第三ニ記スル身代限ノ處分ヲ受ケ又ハ第十九條ニ記スル身元保證金ヲ差入サル歟又ハ一旦差入タル保證金ヲ過料若クハ損害賠償ノ用ニ供シタル後之ヲ補塡セサルトキハ司法大臣亦其職ヲ免スヘシ

(佛)第六十八條

第七十九條　公證人此規則ヲ犯シタルニ依リ他人ニ損害ヲ生セシメタルトキハ之ヲ賠償ス可シ

〔註解〕　凡ソ自己ノ所爲又ハ過失ニ依リ他人ニ損害ヲ被ラ

シメタル者ハ之ヲ賠償ス可シト爲ス民法上ノ原則ニ從ヒ公證人此規則ヲ犯シタルニ依リ他人ニ損害ヲ被ラシメタルトキハ之ヲ賠償セサルヲ得ス

〔參照〕

司法省令甲第二號

公證人規則施行條例

第一條　公證人ハ一受持區ニ五名以下ヲ置クモノトス若シ公證人ノ員數不足スル片ハ受持區ニ依リテハ全ク之ヲ置カサルヿアル可シ

第二條　公證人ハ其受持區内ニ於テ住居セント欲スル町村ヲ定メ其願書ヲ始審裁判所ニ差出シ控訴院ヲ經

テ司法大臣ノ認可ヲ請フ可シ
始審裁判所長及控訴院長ハ公證人ヨリ差出タル住居願ニ意見ヲ附シテ之ヲ司法大臣ニ送達ス可シ
司法大臣ニ於テ公證人ヨリ願出タル住居ヲ認可セサルトキハ直チニ其住居ス可キ町村ヲ指定ス

第三條　公證人既ニ住居ノ認可ヲ受タル後火災其他ノ事故アリテ他ニ轉居セントスルトキモ亦前條ノ手續ニ從フ可シ

第四條　公證人ノ役場ニハ公證人某役場ト記セル表札ヲ掲ク可シ
役場ニハ成可ク倉庫又ハ堅牢ナル建物ヲ以テ書類保存ノ所ト爲スヲ要ス

書類ハ常ニ書箱ニ藏メ非常持退ノ準備ヲ爲シ置ク可シ

第五條　公證人規則ニ從ヒ試驗ヲ受ケント欲スル者ハ試驗願書ニ履歴書ヲ添ヘ試驗期日ノ告示アリタルヨリ試驗期日一箇月前マテニ試驗ヲ行フ控訴院若クハ始審裁判所ニ差出ス可シ

試驗願書及履歴書ニハ本籍區長若クハ戸長ノ奥書ヲ受ク可シ

第六條　試驗ハ各所同時ニ之ヲ行フモノトス

第七條　試驗委員ハ筆記試驗ノ答按ヲ調査シ其合格不合格ヲ決定シタル後口述試驗ヲ行フ可シ

筆記試驗ニ合格セサル者ニ付テハ口述試驗ヲ行ハス

第八條　試驗問題答案ノ適否ハ試驗委員ノ判斷ニ決スルモノトス

試驗ノ結果ハ筆記口述二種ノ總點ニ依リ之ヲ定ム可シ

第九條　試驗委員ハ口述試驗ノ大略及試驗全體ノ結果ヲ記錄ニ記載ス可シ

第十條　試驗ニ及第シタル者ニハ試驗委員ノ連署シタル及第證書ヲ授與ス可シ

試驗ヲ行フタル控訴院若クハ始審裁判所ハ試驗及第人名簿ヲ製シ之ニ及第者ノ住所族籍氏名年齡及ヒ及第ノ年月日ヲ登錄ス可シ

第十一條　試驗委員ハ試驗ニ關スル一切ノ書類ヲ其試

驗ヲ行フタル始審裁判所若クハ控訴院ノ長ニ差出ス可シ

始審裁判所ニ於テ試驗ヲ行フタル𪜈ハ其裁判所長ハ及第者ニ關スル一切ノ書類ニ意見ヲ附シテ控訴院ニ送致シ控訴院長モ亦意見ヲ附シテ司法大臣ニ差出ス可シ

控訴院ニ於テ試驗ヲ行フタル𪜈ハ前項ノ書類ニ控訴院長ノ意見ヲ附シテ司法大臣ニ差出ス可シ

第十二條　公證人タラント欲スル者ハ其願書ニ試驗及第證書官記學位記卒業證書又ハ免許狀ノ寫及丁年者二名以上ニテ品行ヲ保證スル證書ヲ添ヘ之ヲ差出ス可シ

試驗及第證書ヲ要セサル出願人ハ別ニ履歷書ヲ添フ可シ

第十三條　公證人願ヲ受タル始審裁判所ノ裁判所長及上席撿事ハ出願人ノ身上ニ付品行ノ正否理財ノ整否等詳細ノ取調ヲ爲シ控訴院ニ送致シ控訴院長及撿事長モ亦意見ヲ附シテ之ヲ司法大臣ニ差出ス可シ

第十四條　公證人願書ヲ直チニ控訴院ニ差出タルトキハ控訴院長及撿事長ハ前條ノ取調ヲ爲シ且ツ意見ヲ附シ之ヲ司法大臣ニ差出ス可シ

第十五條　公證人願書ニハ其職務ヲ行ハント欲スル地ヲ明記ス可シ

第十六條　司法大臣公證人ヲ任スルトキハ辭令書ヲ其公

證人ノ職務ヲ行フ可キ地ノ管轄控訴院及始審裁判所ヲ經テ本人ニ下付ス

控訴院及始審裁判所ニ於テハ公證人名簿ヲ備置キ公證人ニ任セラレタル者ノ住所族籍氏名年齢及任地ヲ記錄ス可シ

第十七條　公證人ニ任セラレタル者ハ身元保證金トシテ現金又ハ相當ノ價格アル公債證書若クハ日本銀行株券ヲ管轄始審裁判所ニ納ム可シ

第十八條　公證人ノ納ム可キ身元保證金ノ額ハ左ノ如シ

東京及大阪　　金五百圓

他ノ地方ニ於テハ

人口貳拾萬以上アル受持區　金四百圓
人口貳拾萬未滿拾萬以上アル受持區　金三百圓
人口拾萬未滿アル受持區　金貳百圓

前項ノ金額ハ人口ニ増減アリト雖モ既ニ完納シタルモノハ之ヲ増減セス

第十九條　公證人ハ身元保證金ヲ管轄始審裁判所ニ完納セサル間ハ其職務ヲ行フコトヲ得ス

公證人任命ノ辭令書ヲ受取タルヨリ三十日以内ニ身元保證金ヲ完納セサルトキハ公證人規則第七十八條第二項ニ依リ司法大臣其職ヲ免ス

第二十條　公證人ノ身元保證金ハ公證人規則第五章ニ定メアル過料其他賠償ノ抵保ニ充ツルモノトス

第二十一條　過料賠償其他ノ事故ニ依リ身元保證金ノ全部又ハ一部ヲ減消シタルトキハ管轄始審裁判所長ハ速ニ保證金ヲ補充ス可キ旨ヲ公證人ニ命ス可シ
公證人保證金ヲ補充スルマテ始審裁判所長ハ假ニ職務執行ノ停止ヲ命スルコヲ得此場合ニ於テハ速ニ其旨ヲ司法大臣ニ具申ス可シ
公證人保證金補充ノ命令ヲ受ケ六十日ヲ過キ之ヲ補充セサルトキハ始審裁判所長ハ控訴院ヲ經テ司法大臣ニ具申シ免職ノ處分ヲ請フ可シ

第二十二條　公證人他ノ役場ニ轉スル場合ニ於テ其保證金ニ不足ヲ生スレハ之ヲ補充セシメ若シ餘分アレハ之ヲ還付ス可シ

第二十三條　公證人其職務ヲ罷タルトキハ身元保證金ヲ還付ス可シ

第二十四條　公證人死去失踪シ又ハ停職ノ處分ヲ受ケタルトキハ管轄始審裁判所ハ控訴院ヲ經由シ其旨ヲ司法大臣ニ具申ス可シ
停職者復任シタルトキモ亦前項ノ手續ニ從フ可シ

第二十五條　公證人死去失踪停職復任辭職免職又ハ轉職シタル時ハ始審裁判所及控訴院ハ其旨ヲ公證人名簿ニ記入ス可シ

第二十六條　公證人規則ニ定メアル懲罰處分ハ民事裁判所之ヲ管轄シ刑法及治罪法ノ例ヲ用ヒス

第二十七條　公證人試驗願書、式履歷書式及公證人願書

式ハ左ノ如シ

第一　公證人試驗願書式

公證人試驗願（料紙美濃紙）

族籍（戸主嗣子又ハ二三男兄弟ノ別）

氏名

年齢

私儀公證人試驗相受度此段奉願候也

年月日

現住所

氏名印

某控訴院長誰殿（又ハ某始審裁判所長誰殿）

前書之通族籍年齢等相違無之候也

本籍

年月日　　　　　　　區長又ハ戸長印

第二　履歴書式

履歴書 料紙美濃紙

族籍

氏名印

年齢

一　何年何月ヨリ何年何月迄府縣何某ニ就キ又ハ公私何學校何塾ニ於テ何學修業

一　何年何月何々職業仕官進退賞罰等ニ關スル一切ノ件

一　公證ハ規則第二十條ノ各項ニ相觸候儀一切無之候

年月日

氏名印

前書之通相違無之候也

年月日

本籍

區長又ハ戶長印

第三　公證人願書式

公證人願料紙美濃紙

族籍戶主嗣子又ハ二三男兄弟ノ別

氏名

年齡

私儀何府縣何國某治安裁判所管下公證人受持區ニ於テ公證人ノ職務ヲ行ヒ度志願ニ有之候ニ付御登用被下度試驗及第證書(官記學位記卒業證書免許狀)ノ寫及ヒ品行保證書相添此段奉願候也

現住所

氏名印

年月日

司法大臣誰殿

又

私儀何府縣何國某治安裁判所管下及何府縣何國某治安裁判所管下（某始審裁判所管下又ハ某控訴院管下）ノ内何レノ公證人受持區ニ於テナリトモ御命令ニ從ヒ公證人ノ職務ヲ行ヒ度志願ニ有之候ニ付御登用被下度試驗及第證書（官記學位記卒業證書免許狀）ノ寫及ヒ品行保證書相添此段奉願候也

前後ノ式ハ前式ニ同シ

司法省令甲第三號（明治十九年十一月九日）

抗告手續

第一條　登記官吏又ハ公證人ノ職務執行ニ關シ抗告ヲ爲ス者ハ抗告狀ヲ其登記官吏又ハ公證人ニ差出ス可シ

第二條　登記官吏又ハ公證人抗告狀ヲ受取リタルトキハ其翌日ヨリ三日以內ニ意見ヲ附シ且ツ關係書類ノ寫ヲ添ヘ抗告狀ヲ管轄始審裁判所ニ送致ス可シ

第三條、登記官吏又ハ公證人若シ前條ノ期限內ニ抗告狀ヲ管轄始審裁判所ニ送致セサルトキ又ハ急速ヲ要スル場合ニ於テハ抗告者ハ直チニ管轄始審裁判所ニ抗告狀ヲ差出スコトヲ得

始審裁判所ハ抗告ヲ受ケタル登記官吏又ハ公證人ヲ

シテ意見書ヲ差出サシメ及ヒ關係書類ヲ求ムルコトヲ得

第四條　登記官吏又ハ公證人ハ其職務執行上ニ關シ抗告ヲ受ケタルトキハ其處分ヲ停止ス可シ

第五條　抗告狀ヲ受取タル管轄始審裁判所ハ書面ニ依リ判定ヲ爲ス可シ

始審裁判所ハ必要ナリト認ムル場合ニ於テハ抗告者其他關係人ニ書面ヲ以テ答辯セシムルコトヲ得

第六條　始審裁判所ハ抗告ノ判定書ヲ管轄治安裁判所ニ送致シ之ヲ登記官吏又ハ公證人及ヒ抗告者ニ送附セシム可シ

始審裁判所ニ於テ抗告ヲ正當ナリト判定シタルトキ

ハ登記官吏又ハ公證人ハ其判定ニ依リ處分ヲ更正ス可シ

第七條　公證人懲罰處分ニ對シ不服アル者ハ其處分ノ翌日ヨリ起算シ七日内ニ其處分ヲ爲シタル管轄始審裁判所ニ抗告狀ヲ差出ス可シ
裁判所ハ其抗告ヲ正當ナリト認ムルトキハ速ニ其不服ノ點ヲ更正ス可シ若シ之ヲ正當ナラストス認ムルトキハ第二條ノ期日内ニ意見ヲ附シ關係書類ヲ添ヘ抗告狀ヲ管轄控訴院ニ送致ス可シ

第八條　公證人懲罰處分ニ對スル抗告ニ付テモ亦第三條ノ手續ニ依ルコトヲ得

第九條　公證人懲罰處分ニ對スル抗告狀ヲ受取タル控

訴院ハ第五條ノ手續ニ從ヒ判定ヲ爲ス可シ

第十條　控訴院ハ其判定書ヲ處分ヲ爲シタル始審裁判所ニ送致シ之ヲ言渡サシム可シ

控訴院ニ於テ抗告ヲ正當ナリト判定シタルトキハ處分ヲ爲シタル始審裁判所ハ其判定ニ依リ處分ヲ更正ス可シ

第十一條　抗告ノ判定ニ對シテハ總テ上訴ヲ爲スヲ得サルモノトス

司法省告示第六號（明治十九年十一月十二日）

公證人規則第二十一條ニ基キ來ル明治二十年三月一日ヨリ各控訴院ニ於テ公證人試驗ヲ施行ス

公證人規則釋義終

佛蘭西公證人規則

公證人ノ職制ヲ定ムル第十一年「パントーズ」月二十五日ノ法律

第一章　公證人及ヒ公證人ノ記シタル證書

第一節　公證人ノ職務、受持區及ヒ責務

第一條　公證人ハ各人民公權ノ證書ニ添ヒタル公正ノ性質ヲ付與セサルヲ得ス又ハ付與セント欲スル各種ノ證書及ヒ契約書ヲ記シ且ツ其證書及ヒ契約書ノ日附ヲ確保シテ之ヲ保存シ並ニ其正本及ヒ謄本ヲ渡ス爲メニ設置セラレタル公ケノ職員ナリ

第二條　公證人ハ終身其職ニ任セラルヽモノトス

第三條　公證人ハ各人民ヨリ求メヲ受クル片ハ其職務ヲ行ハサルヲ得ス

第四條　各公證人ハ政府ヨリ定メラレタル場所ニ住居セサルヲ得ス○公證人若シ此規定ニ違背スルトキハ辭職者ト看做サルヽ可シ故ニ大裁判官兼司法大臣ハ裁判所ノ意見ヲ聽キタル上其公證人ニ代ヘ更ニ他人ヲ選任ス可キ旨ヲ政府ニ上申スルコトヲ得可シ

第五條　控訴院ヲ設ケアル都府ノ公證人ハ其院ノ管轄地内ニ於テ其職務ヲ行フ可ク始審裁判所一箇ノミヲ設ケアル都府ノ公證人ハ其裁判所ノ管轄地内ニ於テ其職務ヲ行フ可ク其他ノ各邑ノ公證人ハ治安裁判所ノ管轄地内ニ於テ其職務ヲ行フ可シ

第六條　各公證人ハ其受持區外ニ於テ證書ヲ記スルコトヲ禁ス若シ之ニ違フトキハ三ケ月間其職ヲ停止セラレ又再犯ノ場

合ニ於テハ其職ヲ免セラル可ク且ツ其公證人ハ總テ損害ノ
賠償ヲ爲ス可シ
第七條　公證人ノ職務ハ裁判官、裁判所ニ於ケル政府ノ委員及
ヒ其代理員、裁判所書記、代書人、使吏、直稅及ヒ間稅ノ收受役、治
安裁判所ノ裁判官、書記及ヒ使吏、警部、公賣委員ノ職務ト兼子
行フ可カラサルモノトス

第二節　證書及ヒ其法式並ニ原本正本謄本及ヒ見出帳

第八條　公證人ハ凡ソ其級ノ如何ヲ問ハス自己ノ直系ノ血屬
親又ハ姻屬親並ニ伯叔父及ヒ姪男ニ至ル迄ノ自己ノ傍系ノ
血屬親又ハ姻屬親ノ關係アル證書又ハ此等ノ親族ノ利益タ
ル可キ條項ヲ包含スル證書ヲ記スルコトヲ得ス
第九條　證書ハ公證人二名ニテ之ヲ記シ又ハ公證人一名證人

二名ノ立會ニテ之ヲ記ス可シ但シ其證人タル可キ者ハ佛蘭西國士ニシテ姓名ヲ手署スルコトヲ得且ツ其證書ヲ記スル所ノ邑内ニ住所ヲ有スルヲ必要トス

第十條　第八條ニ因リ禁止シタル級内ノ血屬親又ハ姻屬親タル公證人二名ハ相共ニ同一ノ證書ヲ記スルコトヲ得ス○第八條ニ因リ禁止シタル級内ニアル公證人又ハ契約者ノ血屬親又ハ姻屬親及ヒ筆生、從者ハ證人トナルコトヲ得ス

第十一條　囑託人ノ姓名、身分、居住ハ公證人自カラ之ヲ知リタル歟又ハ證書ヲ記スルニ付テノ立會證人トナルニ必要ト爲スモノト同一ノ分限ヲ有シ且ツ公證人ノ知リタル國士二名ノ其證書ニ於テ右ノ姓名、身分、居住ヲ證明スルヲ必要トス

第十二條　各種ノ證書ニハ之ヲ記シタル公證人ノ姓名及ヒ居

住ノ地ヲ表示ス可ク若シ此規定ニ違背スル公證人ハ百「フラン」ノ罰金ヲ言渡サル可シ○各證書ニハ亦立會證人ノ姓名及ヒ其居住地並ニ之ヲ記シタル場所年月日ヲ表示ス可ク若シ此規定ニ違背スル片ハ第六十八條ニ記シタル罰ヲ受ケシム可ク又然ノミナラス別段ノ場合ニ於テハ僞造ノ罰ヲ受ケシム可シ

第十三條　公證人ノ證書ハ一箇ノ連續シタル文面ニ之ヲ書記シ且ツ其字體ノ讀ミ難キコトナク及ヒ略語ヲ用フルコトナク又空行空白ノアラサルコトヲ必要トシ又其證書ニハ關係各人ノ姓、名、分限、居住及ヒ第十一條ノ場合ニ於テ招キタル證人ノ姓名、分限、居住ヲ記載ス可ク又其證書ニハ金額及ヒ日附ヲ總テ文字ヲ以テ表示シ契約者ノ代理委任狀アルニ於テハ之ヲ原本ニ添ヘ而シテ又原本ニハ關係各人ニ其證書ヲ讀ミ聞カセタル旨ヲ記ス可シ若シ此規定ニ違背スル公證人ハ百「フラン」ノ罰金ヲ言渡サル可シ

第十四條　證書ニハ關係各人、證人及ヒ公證人皆姓名ヲ手署シ且ツ公證人ハ右各人ノ姓名ヲ手署シタル旨ヲ其證書ノ末ニ附記ス可シ○若シ姓名ヲ手署スルコト能ハス又ハ姓名ヲ手署スルコトヲ知ラサル者アル時ハ公證人此事ニ付キ其者ノ申述シタル所ヲ證書ノ末ニ附記ス可シ

第十五條　參照ノ記入及ヒ註釋ハ後文ニ記スルモノヲ除クノ外ハ欄外ノミニ之ヲ記載ス可シ又其參照ノ記入及ヒ註釋ハ公證人及ヒ其他ノ署名者之ニ姓名ヲ手署シ又ハ花押ヲ爲ス可ク若シ然ラサルトキハ其參照ノ記入及ヒ註釋ノ効ナカル可

シ○若シ參照ノ記入ノ長文ナルカ爲メ證書ノ末ニ之ヲ記入セサルヲ得サル𪜈ハ欄外ニ記シタル參照ノ記入ニ同シク之ニ姓名ヲ手署シ又ハ花押ヲ爲ス可キノミナラス關係各人ノ特ニ之ヲ承認スル旨ヲ記載スルヲ必要トス若シ然ラサレハ其參照ノ記入ノ効ナカル可シ

第十六條　證書ノ本文中ニハ書入ヲ爲ス可カラス又二行ノ間ニ別ニ一行ヲ記入ス可カラス又追加ヲ爲ス可カラス其書入タル語又ハ二行ノ間ニ別ニ一行ニ爲シテ記入シタル語又ハ追加シタル語ハ其効ナカル可シ○若シ證書本文中ノ語ヲ消ス可キ𪜈ハ其頁端ニ消字ノ數ヲ證明シ又ハ證書ノ末ニ之ヲ證明シ且ツ欄外ニ記載シタル參照ノ記入ニ同シク其承認ノ旨ヲ記スルコトヲ得可キ樣消字ヲ爲ス可シ若シ然ラサル𪜈

ハ公證人五十「フラン」ノ罰金ヲ言渡サレ且ツ總テ損害ノ賠償ヲ爲ス可ク又然ノミナラス詐欺ノ場合ニ於テハ其職ヲ免セラル可シ

第十七條　既ニ廢シタル姓名及ヒ名稱、封建ノ制ニ係ル字句及ヒ語法、共和政治ノ尺度及ヒ曆法並ニ十進ノ算法ニ付キ法律及ヒ政府ノ命令ニ背反シタル公證人ハ百「フラン」ノ罰金ヲ言渡サル可ク若シ再犯ノ場合ニ於テハ其二倍ノ罰金ヲ言渡サル可シ

第十八條　公證人ハ其職務ヲ行フ所ノ受持區內ニ於テ治產ノ禁ヲ受ケ裁判上ノ輔佐人ヲ附セラレタル者ノ姓名、分限、居住並ニ之ニ關スル裁判言渡ヲ記入スル所ノ表ヲ其役場ニ展示シ置ク可シ但シ公證人ハ通知ヲ受ケ次第直チニ右ノ諸件ヲ

記入ス可ク若シ然ラサレハ總テ關係各人ノ被リタル損害ヲ賠償ス可シ

第十九條　凡ソ公證人ノ記シタル證書ハ裁判上ニ於テ眞正ノモノトシ共和政治全國內ニ於テ執行ス可キモノタリ〇然レヒ主タル僞造ノ訴ノ場合ニ於テハ重罪告訴陪審ノ「重罪ヲ公訴ス可シ」ト爲ス申述ニ因リ其僞造ノ訴アル證書ノ執行ヲ中止ス可ク又附帶僞造ノ訴ノ場合ニ於テハ裁判所ヨリ其景況ノ重劇ナルニ隨ヒ假リニ其證書ノ執行ヲ中止スルコトヲ得可シ

第二十條　公證人ハ其書記シタル各證書ノ原本ヲ保存ス可シ〇然レヒ生存ノ保證書、代理委任狀、事實公認ノ證書、家屋及ヒ土地ノ貸賃並ニ雇賃ノ受取證書、養料及ヒ年金ノ受取證書及

ヒ其他總テ法律ニ從ヒ原本ヲ保存シ置クヲ要セサル簡單ナル證書ハ右規定ノ例外ナリトス

第二十一條　正本及ヒ謄本ヲ渡スノ權利ハ原本ヲ保有スル公證人ノミニ屬ス可シ然レ圧總テノ公證人ハ原本ノ爲メニ預リタル證書ノ寫ヲ渡スコトヲ得可シ

第二十二條　公證人ハ法律上ニ定メタル場合ニ於テ一箇ノ裁判言渡ニ據ルニ非サレハ原本ヲ手放スコトヲ得ス○公證人ハ原本ヲ手放ス前ニ其原本ト毫モ異ナラサル寫ヲ作リテ之ニ姓名ヲ手署ス可シ但シ其寫ハ公證人居住地ノ民事裁判所ノ長ト政府委員トノ保證ヲ受ケタル上ニテ其原本ニ代ヘ原本ヲ取戻スヰニ至ルマテ之ニ代用ス可キモノトス

第二十三條　公證人ハ亦始審裁判所長ノ命令アルニ非サレハ

直接ノ名義ニテ關係アル者又ハ其財産相續人或ハ承權者以外ノ者ニ證書ノ謄本ヲ渡ス可カラス又其證書ヲ知ラシム可カラス若シ此規定ニ違背シタル𪜈ハ損害ヲ賠償シ且ツ百「フラン」ノ罰金ヲ言渡サレ又再犯ノ場合ニ於テハ三ケ月間其職ヲ停止セラル可シ然レ𪜈登記稅ニ關スル法律及ヒ規則ヲ執行シ並ニ裁判所ニ於テ公ケニ爲ス可キ證書ニ關スル法律及ヒ規則ヲ執行スルハ此限ニアラス

第二十四條　證書ノ謄本又ハ抄錄謄本ヲ得ントスル訴ノ場合ニ於テハ其證書ヲ保存スル公證人其調書ヲ作ル可シ但シ其謄本ノ交付ヲ命令シタル裁判所ニ於テ其裁判官一名又ハ總テ其他ノ裁判官或ハ他ノ公證人ニ其調書ヲ作ル可キ旨ヲ委任シタル𪜈ハ此限ニアラス

第二十五條　正本ノミニ限リ執行ノ例文ヲ記入シテ之ヲ渡ス可シ又其正本ノ初メト終リトニ於テハ裁判言渡書ト同一ノ記載ヲ爲ス可シ

第二十六條　原本ニハ關係各人ニ第一回ノ正本ヲ渡シタル旨ヲ附記ス可ク其他ノ正本ハ始審裁判所長ノ命令アルニ非サレハ之ヲ渡ス可カラス若シ此規定ニ違背スル公證人ハ其職ヲ免セラル可シ但シ始審裁判所長ノ命令書ハ原本ニ添ヘ置ク可キモノトス

第二十七條　各公證人ハ自己ノ姓名、分限、居住ト一定ノ雛形ニ從ヒ佛蘭西共和政治ノ表號トヲ示ス所ノ特別ノ印ヲ備フ可シ○證書ノ正本及ヒ謄本ニハ其印ヲ捺ス可シ

第二十八條　公證人ノ記シタル證書中ニテ控訴院所在地ニ居

住スル公證人ノ記シタルモノハ其控訴院ノ管轄地外ニ於テ之ヲ用フルトキハ其姓名手署ノ確的ノモノタル旨ヲ認定セラルヽヲ必要トシ其他ノ公證人ノ記シタルモノハ其公證人ノ居住スル本州外ニ於テ之ヲ用フルトキハ其姓名手署ノ確的ノモノタル旨ヲ認定セラルヽヲ必要トス○其公證人居住地ノ始審裁判所長又ハ其證書或ハ謄本ヲ渡ス所ノ地ノ始審裁判所長ハ其證書ニ於ケル姓名手署ノ確的ノモノタル旨ヲ認定スル可キモノトス

第二十九條　公證人ハ其記シタル各證書ノ見出帳ヲ設ケ置ク可シ

第三十條　見出帳ハ公證人居住地ノ民事裁判所長之ニ撿署シテ記號ヲ附シ且ツ花押ヲ爲ス可ク若シ其裁判所長ノアラサ

ルヰハ他ノ裁判官之ニ撿署シテ記號ヲ附シ且ツ花押ヲ爲ス可シ但シ見出帳ニハ各證書ノ日附、其種類及ヒ性質、關係各人ノ姓名並ニ登記稅ノ關係ヲ記載ス可キモノトス

第二章　公證人職務ノ制規

第一節　公證人ノ員數役場及ヒ保證金

第三十一條　各州ニ於ケル公證人ノ員數、其役場及ヒ居住地ハ左ノ方法ヲ以テ政府ヨリ之ヲ定ム可シ

第一　人口十萬以上ノ都府ニ於テハ人口六千每ニ多クモ公證人一名ヲ置ク事

第二　其他ノ都府又ハ村邑ニ於テハ各治安裁判所ノ管轄地每ニ少クモ公證人二名多クモ五名ヲ置ク事

第三十二條　公證人ノ役場ハ死去辭職免職ニ因ルニ非サレハ

之ヲ廢シ又ハ減ス可カラス

第三十三條　公證人ハ營業免許税ヲ納ムルニ及ハスト雖𪜈後文ニ記スル所ノ基礎ニ據リ政府ヨリ定ムル所ノ保證金ヲ差出ス可シ但シ其保證金ハ公證人其職務執行ノ爲メ裁判所ヨリ若干ノ金額ヲ差出ス可キノ言渡ヲ受クルコトアル𪜈其金額ノ差出方ヲ擔保スルノ用ニ特ニ供ス可キモノトス○若シ其擔保ノ効果ニ因リ保證金ノ全額又ハ其一部ヲ用ヒタル𪜈ハ更ニ其保證金ノ全額ヲ補充スルニ至ル迄公證人ノ職ヲ停止ス可ク若シ公證人ノ六ヶ月内ニ其保證金ノ全額ヲ補充セサルニ於テハ之ヲ辭職者ト看做シテ其後任者ヲ撰定ス可シ

第三十四條　保證ノ金額ハ各公證人ノ管轄地ト其居住地トヲ相合シタル割合ヲ以テ一箇ノ最寡限ト最多限トニ從ヒ政府

ニ於テ之ヲ定ム可シ○其保證金ハ保證金ニ關スル法律ニ從ヒ之ヲ納メ及ヒ之ヲ償還シ並ニ其利息ヲ拂フ可シ但シ其以前既ニ納メタル金額ハ總テ之ヲ扣除ス可キモノトス

第二節　公證人ノ職ニ撰任セラルヽニ付テノ要件及ヒ其撰任ノ方法

第三十五條　公證人ノ職ニ撰任セラルヽ爲メニハ左ノ諸件ヲ必要トス

第一　國土ノ權利ヲ行フヲ得ル事

第二　徵兵ノ法律ヲ履行シタル事

第三　滿二十五ノ年齡ニ達シタル事

第四　後ノ數條ニ定ムル執業時間ヲ證明スル事

第三十六條　執業ノ時間即チ見習ノ時間ハ後ニ記スル所ノ例

外ヲ除クノ外ハ間斷ナク滿六ケ年間トシテ而シテ其六ケ年間ノ最後ノ二ケ年中少クトモ一ケ年間ハ其將サニ撰任セラレントスル職ト同等ナル公證人ノ役場ニ於テ第一等筆生ノ職務ヲ行ヒタルコトヲ必要トス

第三十七條　若シ職務希望者ノ其將サニ撰任セラレントスル職ヨリ更ニ高等ナル公證人ノ役場ニ於テ三ケ年間事業ヲ行ヒ且ツ第四年目ニ於テ其將サニ撰任セラレントスル職ト同等ナルカ又ハ其職ヨリ更ニ高等ナル公證人ノ役場ニ於テ第一等筆生ノ職務ヲ行ヒタルトキハ其執業時間唯四ケ年間ノミナルコトヲ得可シ

第三十八條　以前ヨリ既ニ公證人ノ職ニアリテ且ツ一年前ヨリ下等ノ職ニアリテ職務ヲ執行シタル公證人ハ其職ニ一等

優リタル職ニ在リシ公證人ノ後役トナルニ付テハ別ニ見習ノ時間ヲ證明スルニ及ハス

第三十九條　若シ職務希望者ノ四ケ年間間斷ナク第一等又ハ第二等ノ公證人ノ役場ニ於テ其事業ヲ行ヒ且ツ少クモ二ケ年間民事裁判所ニ於テ辨護人又ハ代書人ノ職ヲ行ヒタル者ハ其見習ノ最後ノ二ケ年中一年間其將サニ撰任セラレントスル職ト同等ナル公證人ノ役場ニ於テ第一等筆生ノ職ヲ行ヒタル𪜈ハ其見習ヲ受ケシ職ト同等ナル公證人ノ職ニ任セラルヽコトヲ得可シ

第四十條　若シ下等ノ公證人ノ役場ニ於テ事業ヲ行ヒタル職務希望者ノ其公證人ノ職ニ一等優リタル公證人ノ職ニ撰任セラレントスル𪜈ハ前數條ニ必要ナリト定メタル執業時間

ニ更ニ其三分ノ一ヲ加フ可シ

第四十一條　職務希望者ノ第三等公證人ノ職ニ撰任セラルヽニハ第一等又ハ第二等ノ公證人ノ役場ニ於テ三年間事業ヲ行ヒタルヲ以テ足レリトシ又ハ控訴院或ハ始審裁判所ニ於テ二年間辨護人或ハ代書人ノ職ヲ行ヒ且ツ一箇ノ公證人ノ役場ニ於テ一年間事業ヲ行ヒタルヲ以テ足レリトス

第四十二條　行政上又ハ司法上ノ職務ヲ行ヒタル各人ニ付テハ政府ヨリ執業時間ヲ證明ス可キノ義務ヲ免除スルコトヲ得可シ

第四十三條　職務希望者ハ其將サニ職ヲ行ハントスル地ヲ管轄スル取締局ニ品行及ヒ材能ノ保證書ヲ得ント請求ス可シ

○其保證書ハ取締局ヨリ之ヲ其希望者ニ付與スル決議書ノ

謄本ヲ始審裁判所ニ於ケル政府ノ委員ニ送致シタル後ニ非サレハ之ヲ渡ス可カラス

第四十四條　若シ取締局ニ於テ右ノ保證書ヲ付與スルコトヲ拒絶スルトキハ同局ヨリ其理由ヲ記シタル意見書ヲ請求者ニ付與シ且ツ其意見書ヲ政府ノ委員ニモ送致ス可ク而シテ政府ノ委員ハ更ニ其意見ヲ添ヘテ之ヲ大裁判官ニ送呈ス可シ

第四十五條　公證人ハ第一等「コンシュル」之ヲ撰任ス可シ但シ公證人ハ其居住ノ地ヲ定メテ之ヲ表示スル委任狀ヲ第一等「コンシュル」ヨリ收受ス可キモノトス

第四十六條　公證人委任狀ノ題書ニハ其委任セラレタル公證人ノ居住地ヲ管轄スル始審裁判所ニ宛テタル文詞ヲ記ス可シ

第四十七條　新タニ撰任セラレタル公證人ハ其撰任ノ時ヨリ二ケ月內ニ其委任狀ヲ宛テ送ル所ノ裁判所ノ審問席ニ於テ法律上ニテ各官吏ノ爲ス可キ旨ヲ定メタル誓ト自己ノ職務ヲ誠直謹愼ニ行フ可キノ誓トヲ爲ス可ク若シ二ケ月內ニ誓ヲ爲サヽルニ於テハ其職ヲ失フ可シ〇其公證人ハ委任狀ノ原本ト保證金上納ノ受取證書トヲ差出ニ非サレハ右ノ誓ヲ爲スコトヲ許サス〇其公證人ハ其誓ヲ爲シタル旨ヲ證スル謄書ヲ其居住地ノ邑廳ノ書記局ト其將サニ職務ヲ行ハントスル各裁判所ノ書記局トニ於テ帳簿ニ登記セシムルヲ必要トス

第四十八條　公證人ハ右ノ誓ヲ爲シタル日ヨリ後ニ非サレハ職務ヲ行フ可キノ權利ナキモノトス

第四十九條　各公證人ハ其職務ヲ行ヒ始ムル前ニ其州內ノ各始審裁判所ノ書記局ト其居住地ノ邑廳ノ書記局トニ自己ノ姓名ヲ手署シ且ツ花押ヲ爲シタル紙面ヲ差出ス可シ○控訴院所在ノ地ニ居住スル公證人ハ右ノ外控訴院管轄地內ノ各始審裁判所ノ書記局ニモ亦自己ノ姓名ヲ手署シ且ツ花押ヲ爲シタル紙面ヲ差出ス可シ

第三節　取締局

第五十條　公證人內部ノ取締ノ爲メニ設クル取締局ハ行政規則ヲ以テ之ヲ制定ス可シ

第五十一條　公證人ノ謝金及ヒ手數料ハ公證人ト關係各人トノ間ニ協議上ニテ之ヲ定ム可ク然ラサレハ公證人居住地ノ民事裁判所ニ於テ取締局ノ意見ヲ聽キタル上簡單ナル覺書

ニ依リ無費ニテ之ヲ定ム可シ

第五十二條　若シ公證人ノ其職ヲ停止セラレ又ハ其職ヲ免セラレ又ハ後任者ヲ任セラレタル片ハ其停職免職又ハ後職者撰任ノ告知ヲ得タル後直チニ其職務ヲ行フコトヲ止ム可シ若シ然ラサル片ハ總テ損害ヲ賠償シ且ツ其他總テ職務ヲ停止セラレ又ハ罷免セラレタル諸官吏ノ其職務ヲ繼續シテ行ヒタル片ニ受クルコトアル可キ法律上ニ定メタル各種ノ懲罰ヲ受ク可シ○其職ヲ停止セラレタル公證人ハ停止ノ時期ノ終リタル後ニ非サレハ更ニ復タ其職務ヲ行ヒ始ムルコトヲ得ス若シ之ニ違フ時ハ右ニ記スル所ト同一ノ罰ヲ受ク可シ

第五十三條　凡ソ公證人ノ停職免職罰金及ヒ損害賠償ハ政府

委員ノ求メニ因リ其公證人居住地ノ民事裁判所ヨリ之ヲ言渡スヘシ◯其言渡ハ之ヲ控訴スルコトヲ得可ク而シテ金圓ニ關スル言渡ヲ除クノ外ハ控訴ニ關セス假リニ執行ス可キモノトス

第四節　原本ノ監守、轉移、原本ノ表並ニ金額ノ收受

第五十四條　後任者ヲ任セラレ又ハ役場ヲ廢セラレタル公證人ノ原本及ヒ見出帳ハ其公證人又ハ其財産相續人ヨリ同邑内ニ居住スル公證人中ノ一名ニ之ヲ引渡シ若シ又其邑内ニ居住スル公證人ノアラサル片ハ同縣内ニ居住スル公證人中ノ一名ニ之ヲ引渡スコトヲ得可シ

第五十五條　後任者ヲ任セラレタル公證人ノ原本及ヒ見出帳ヲ其後任者ノ誓ヲ爲セシ日ヨリ一ケ月内ニ前條ニ從ヒ引渡

サヽルトハ其後任者ニ之ヲ引渡ス可シ

第五十六條　若シ公證人ノ役場ヲ廢シタル時ハ其公證人又ハ其財産相續人ハ其廢止ノ時ヨリ二ケ月内ニ第五十四條ニ從ヒ原本及ヒ見出帳ヲ同邑ノ公證人中ノ一名又ハ同縣ノ公證人中ノ一名ニ引渡ス可シ

第五十七條　始審裁判所ニ於ケル政府ノ委員ハ前數條ニ記シタル引渡ヲ爲スコトヲ監視ス可ク若シ公證人ノ役場ヲ廢シタル場合ニ於テ其公證人又ハ其財産相續人定期内ニ原本及ヒ見出帳ヲ引渡ス可キ公證人ヲ擇定セサルトハ政府ノ委員ニ於テ之ヲ預カル可キ公證人ヲ指示ス可シ○第五十五條及ヒ第五十六條ニ記シタル規定ヲ履行スルヲ怠リタル公證人又ハ其財産相續人ハ引渡ヲ爲ス可キノ催促ヲ受ケシ日ヨリ

一ケ月間ノ遲延每ニ百「フラン」ノ罰金ヲ言渡サル可シ

第五十八條　如何ナル塲合ニ於テモ其引渡シタル原本ノ簡略ナル目錄ヲ作ル可ク而シテ其原本ヲ收受シタル公證人ハ其目錄ノ末ニ之ヲ預カリタル旨ヲ記シテ其目錄ノ寫ヲ取締局ニ送致ス可シ

第五十九條　後任者ヲ任セラレ又ハ其役塲ヲ廢セラレタル公證人又ハ其財產相續人ト第五十四條第五十五條第五十六條ニ從ヒ原本ヲ受取リタル公證人トハ未タ其謝金ヲ收受セサル證書類ノ數及ヒ謄本ノ利益ノ割合ヲ以テ其一方ノ者ノ他ノ一方ノ者ヨリ收受ス可キ金額ヲ協議上ニテ約定ス可シ○若シ其雙方ノ相互ニ協議スルコトヲ得サル片ハ其雙方ノ者ノ定メタル公證人二名又ハ同一ノ地ニ居住スル公證人中ヨ

リ職權上ニテ撰定シタル公證人二名若シ又同一ノ地ニ居住スル公證人ノアラサルニ於テハ最近ノ地ニ居住スル公證人中ヨリ職權上ニテ撰定シタル公證人二名ヲシテ右一方ノ者ノ他ノ一方ノ者ヨリ收受ス可キ金額ヲ見積ラシム可シ

第六十條　凡ソ「契約證書貯藏局」「下等公證人役場」及ヒ其他ノ名稱ニテ設ケタル原本ノ貯藏所ハ其現今ノ占有者ニ於テ是レ迄ノ如ク之ヲ保存ス可シ而シテ正本及ヒ謄本ハ其貯藏所々在ノ地ニ居住スル公證人ニ非サレハ之ヲ渡スコトヲ得ス若シ又其所在ノ地ニ居住スル公證人アラサルニ於テハ最近ノ地ニ居住スル公證人ニ非サレハ之ヲ渡スコトヲ得ス○然レトモ其貯藏シタル原本ヲ既ニ裁判所ノ書記ニ引渡シタル場合ニ限リ其書記ヨリ正本及ヒ謄本ヲ渡スコトヲ得可シ

第六十一條　公證人又ハ其他ノ原本ノ保有者ノ死去シタルトキハ其居住地ノ治安裁判官直チニ其原本及ヒ見出帳ニ封印ヲ爲シ而シテ其居住地ノ始審裁判所長ノ命令ニ因リ假リニ其原本及ヒ見出帳ヲ預カル可キ公證人ヲ撰定スル時ニ至リテ其封印ヲ除去ス可シ

第三章　現在ノ公證人

第六十二條　凡ソ此法律宣令ノ日ニ當リ現ニ其職ヲ行フ所ノ各公證人ハ其職ヲ保存ス可キモノトス

第六十三條　此法律宣令ノ日ニ當リ後任者ヲ任セラレタルニ非スシテ唯公證人ノ職ト兼任スルコトヲ得サル他ノ職ヲ行ヒ又ハ兵役ニ服シタルコトノミノ爲メ一時其職務ヲ行フコトヲ中止シ或ハ其職務ヲ行ヒ始ムルコトヲ得サル各公證人

ハ亦其職ヲ保存ス可キモノトス

第六十四條　右ニ記シタル各公證人ハ其職務ヲ行ヒ又ハ從前ノ如ク繼續シテ其職務ヲ行フ可ク且ツ各自補叙ノ日附ノ順序ニ從ヒ其相互ノ順序ヲ定ム可シ○然レ𪜈其各公證人ハ此法律公布ノ日ヨリ三ヶ月内ニ左ノ諸件ヲ爲サヽルヲ得ス

第一　其以前ノ撰任及ヒ補叙ニ關スル各種ノ證書及ヒ證據書類ヲ其居住地ノ始審裁判所ノ書記局ニ差出シテ書記ノ受取書ヲ得ルコト

第二　第一等「コンシュル」ヨリ確定ノ委任狀ヲ受クル爲メ右書記ノ受取書ヲ添ヘテ政府ニ出願スルコト但シ其確定ノ委任狀ニハ公證人ノ撰任及ヒ補叙ノ日附ト其居住ヲ定メタル地トヲ附記ス可キモノトス

第六十五條　右ニ記シタル各公證人ハ其委任狀ヲ受取リタルヨリ二ケ月內ニ第四十七條ニ定メタル所ノ誓ヲ爲シ且ツ第四十九條ニ從ヒ姓名ヲ手署シ及ヒ花押ヲ爲シタル紙面ヲ差出ス可シ○若シ本條及ヒ前條ノ規定ヲ執行セサル公證人ハ其職ヲ失フ可シ

第六十六條　公證人ノ職ト兼任スルコトヲ得サル他ノ職務ヲ行フ所ノ公證人ハ此法律公布ノ時ヨリ三ケ月內ニ其二箇ノ職務中ノ一箇ヲ擇ミ定メテ其擇定ノ證書ヲ居住地ノ始審裁判所ノ書記局ニ差出ス可ク若シ然ラサレハ公證人ノ職ヲ辭シタルモノト看做シテ其後任者ヲ撰任ス可シ而シテ其公證人タリシ者ノ猶其公證人ノ職務ヲ繼續シテ行フトキハ第五十二條ニ定メタル罰ヲ受ク可シ

第六十七條　右ノ公證人ハ其擇定ヲ爲シタル日ヨリ三ヶ月内ニ委任狀ヲ受ケ且第四十七條及ヒ四十九條ニ定メタル法式ヲ履行ス可ク若シ然ラサレハ第五十二條ニ定メタル罰ヲ受ク可シ

總則

第六十八條　第六條第八條第九條第十條第十四條第二十條第五十二條第六十四條第六十五條第六十六條第六十七條ノ規定ニ違背シタル總テノ證書ハ關係各人ノ姓名ヲ手署セサル庤ハ無効タル可ク而シテ又其證書ニ關係各人ノ姓名ヲ手署シタル庤ハ私シノ證書ニ等シキ効力アルノミトス但シ右二箇中何レノ場合ニ於テモ損害アルニ於テハ犯則者タル公證人ヨリ損害ヲ被リタル各人ニ對シ其損害ノ賠償ヲ爲ス可シ

第六十九條　千七百九十一年十月六日ノ法律及總テ其他ノ法律中ニテ此回ノ法律ニ牴觸スルモノハ總テ之ヲ廢ス

公證人ノ職務ト動産評價人ノ職務トヲ兼子行フヲ禁スル千八百二十二年七月三十一日ノ勅令

第一條　動産評價人ノ職務ト公證人ノ職務トヲ兼子行フコヲ許ルス千八百十六年六月十六日ノ勅令第十一條ノ規定ハ之ヲ廢ス

第二條　凡ソ動産評價人ノ職務ト公證人ノ職務トヲ兼子行フ所ノ各人ハ此勅令公布ノ時ヨリ三ケ月内ニ其二箇ノ職務中ノ一ヲ擇定ス可ク若シ右ノ定期内ニ擇定セサル時ハ動産評價人ノ職務ニ付キ其後任者ヲ撰任ス可シ但シ其本人ヨリ後

任者ヲ推薦スルヿヲ得ス

第三條　右ノ擇定ヲ爲ス時ハ本郡始審裁判所ノ書記局ニ差出シタル證書ニ因リ其擇定ノ旨ヲ證ス可シ

公證人取締局ノ搆成及ヒ公證人ノ取締ニ關スル千八百四十三年一月四日ノ勅令

公證人取締局及ヒ其權限

第一條　各始審裁判所ノ設ケアル都府ニ於テハ其裁判所ニ附屬シテ公證人取締局ヲ設置シ其郡内各公證人ノ間ニ於ケル取締ヲ保存スルニ任セシム可シ

第二條　取締局ノ權限ハ左ノ諸件ニアリトス

第一　場合ニ從ヒ總テ各種ノ取締規定ノ適施ヲ言渡シ又

ハ其適施ヲ求ムル事

第二　公證人ノ間ニ起ル所ノ總テノ爭ヲ防止シ又ハ之ヲ和解セシムル事就中證據書類、金額或ハ其他ノ物件ヲ撿視シ、引渡シ、附託シ或ハ引留ムル事ニ付又ハ原本ヲ收受シテ之ヲ預カル事又ハ財產目錄、財產分派、賣拂、糶賣及ヒ其他ノ所爲ニ於ケル優等權若クハ同等權ニ關スル事ニ付各公證人ノ間ニ起ル所ノ爭ヲ防止シ又ハ之ヲ和解セシムル事及ヒ其爭ヲ和解セシムルヲ得サル時ハ簡單ナル意見書ニ因リ其意見ヲ發出スル事

第三　公證人ノ職務ニ付第三者ヨリ其公證人ニ對スル爭訟及ヒ要求ヲ防止シ或ハ和解セシムル事又ハ公證人ヨリ第三者ニ爲ス可キ損害賠償ニ付簡略ニ其意見ヲ申述

シ及ヒ其損害賠償ノ原由タル總テノ犯則ヲ譴責及ヒ其他ノ懲戒法ニ因リ制止スル事但シ右ノ規定ト別段ノ理由アル時ハ裁判所ニ訴ヲ爲ス可キ事ト相觸ルヽコトナカル可シ

第四　公證人ノ謝金及ヒ手數料ヲ定ムルコトニ關スル紛紜ト此事ニ付既ニ民事裁判所ニ申告シタル爭訟トニ付意見ヲ申述スル事

第五　公證人ノ職ニ任セントト希望スル者ヨリ請求スル所ノ品行及ヒ材能ノ保證書ヲ渡シ又ハ渡スヲ拒絶スル事、此事項ニ付評議ヲ爲ス事、理由ヲ記シタル意見書ヲ發スル事及ヒ其意見書ヲ關係各人ニ差送リ或ハ通知スル事

第六　廢止トナリシ公證人ノ役場ニ屬スル原本ノ目錄ヲ預カル事
第七　本郡内ノ各公證人共同ノ權利及ヒ利益ニ關シ相合シテ其各公證人ヲ代表スル事
第三條　總テ取締局ノ決議ハ其局長ノ記號ヲ附シ及ヒ花押ヲ爲シタル帳簿ニ之ヲ記入ス可シ○其帳簿ハ檢察官ノ要求次第直チニ之ヲ檢察官ニ示ス可シ

取締局ノ構成

第四條　各郡ノ公證人ハ其中ヨリ取締局員ヲ撰擧ス可シ○巴里府ノ公證人取締局ハ十九員ヨリ成ル可ク又公證人ノ員數五十名以上ナル各郡ニ於テ設置スル取締局ハ九員ヨリ成ル可ク其他ノ各郡ニ於テ設置スル取締局ハ七員ヨリ成ル可シ

第五條　取締局ハ巴里府ニ於テハ其局員ノ十二名以上出席シテ發言ヲ爲スニ非サレハ有効ノ決議ヲ爲スコトヲ得ス又局員全數ノ九名ナル取締局ニ於テハ七名以上出席シテ發言ヲ爲シ其他ノ取締局ニ於テハ五名以上出席シテ發言ヲ爲スニ非サレハ有効ノ決議ヲ爲スコトヲ得ス

第六條　取締局員ハ其中ヨリ局長一名、幹事一名、報告員一名、書記一名、會計役一名トヲ選ム可シ○局長ハ可否ノ數ノ相等シキ時ハ之ヲ決スルノ權ヲ有シ又其自カラ至當ナリト思考スル歟又ハ局員二名ヨリ理由ヲ記シタル請求書ヲ受クル時ハ臨時ニ取締局ノ集會ヲ開キ且ツ取締局內ノ警察ヲ爲スノ權ヲ有ス○幹事ハ犯罪ヲ告ケラレタル公證人ニ對シテ其處刑ヲ求ムル相手方トナリ又取締局ノ會議ニ於テハ先ツ其意見ヲ申述スルノ權アリテ取締局ニ於テハ幹事ノ請求スル所ヲ裁定セサルヲ得ス又幹事ハ局長ニ同シク取締局ノ集會ヲ開カシムルノ權アリテ又後ニ記スル所ノ方法ニ從ヒ取締局決議ノ執行ヲ求メ且ツ如何ナル場合ニ於テモ取締局ノ決議ニ從ヒ同局ノ代理トシテ事ヲ爲スノ權アリ○報告員ハ公證人ノ告ケラレタル犯則ノ箇條ニ付證件ヲ搜索シテ之ヲ取締局ニ報告ス可シ○書記ハ取締局ノ議事ヲ筆記シテ同局ノ書類ヲ保存シ且ツ總テ其書類ノ謄本ヲ渡ス可シ○會計役ハ取締局ノ許可シタル收納及ヒ支出ヲ爲シ而シテ每三月期ノ終リニ至リ取締局ノ會議ニ於テ會計役ノ算計書ヲ決定シタル上其御任ノ證書ヲ與フ可シ

第七條　幹事ノ人員ハ巴里府ニ於テ三名迄ニ增スコトヲ得可

ク又五十名以上ノ公證人ヲ管轄スル取締局ニ於テハ二名迄ニ增スコトヲ得可シ

第八條　控訴院ノ首地ニ設ケタル取締局ノ長又ハ幹事及ヒ書記ハ必ス其首地ニ居住スル公證人中ヨリ之ヲ選ム可シ○其他ノ地ニ設ケタル取締局ニ於テハ其局長又ハ幹事及ヒ書記ヲ必ス始審裁判所々在ノ都府ノ公證人中ヨリ選ム可シ○若シ書記ノ其始審裁判所々在ノ都府ニ居住セサル時ハ局長又ハ幹事ニ於テ取締局ノ書類ヲ保存シ且ツ第三十三條ニ定メタル帳簿ヲ設ケ、及ヒ取締局決議書ノ謄本ヲ渡ス可シ

第九條　各地方每ニ國王ノ勅令ニ因リ第四條ニ從ヒ取締局ヲ組成ス可キ公證人ノ員數ヲ增減スルコトヲ得可シ但シ此場合ニ於テハ其勅令ヲ以テ同局ノ決議ヲ有効ノモノト爲スニ

其出席ヲ必要ト爲ス人員ヲ定ム可シ○取締局ノ人員ヲ減スル勅令ニハ別段ノ道理アルニ於テハ其取締局ヲ退去スル者ノ更ニ再ヒ其局員ニ選マルヽヲ得可キ旨ヲ記載ス可シ

第十條　第六條ニ記シタル各員ハ同條ニ因リ付與セラレタル特別ノ權力ニ關セス取締局ノ各會議ニ於テ其他ノ各員ト同シク可否ノ發言ヲ爲スコトヲ得可シ然レ𪜈幹事ノ求刑人タル事件ニ付テハ其幹事ハ決議ニ參加ス可カラサルモノトス

第十一條　第六條ニ因リ取締局ノ各役員ニ付與シタル數箇ノ特別ノ職務ハ此勅令第九條ニ定メタル場合ニ於テ其取締局人員ノ七名以下ナル時ハ一人ニシテ之ヲ兼子行フコトヲ得可シ然レ𪜈局長、幹事及ヒ報告員ノ職務ハ常ニ必ス三人ニテ之ヲ行フ可シ○取締局人員ノ如何ヲ問ハス若シ第六條ニ記シタル各役員中一名ノ不在ナル歟又ハ差支アル場合ニ於テハ一時一人ニテ數箇ノ職務ヲ兼子行フコトヲ得可シ但シ此場合ニ於テハ其各役員ノ間ニ於テ一時相互ニ其缺ヲ補ヒ又然ノミナラス取締局中ノ他員ヲシテ其缺ヲ補ハシムルコトヲ得可シ○其補缺員ハ局長ヨリ之ヲ任ス可ク若シ局長ノ不在ナル時ハ決議ヲ爲スコトヲ得可キ定數出席員中過半數ノ決ニ因リ之ヲ任ス可シ

取締

第十二條　公證人タル者ハ自己ニテ爲スト他人ノ介入ニ依ルトヲ問ハス又間接ト直接トヲ問ハス左ノ諸件ヲ爲スコトヲ禁ス

第一　商人聚會場ノ投機事業ヲ爲シ又ハ商業、銀行、割引又

ハ商業世話人ノ所業ヲ行フ事

第二　理財、商業、工業ノ會社、起作又ハ組合ノ管理ニ參涉スル事

第三　不動產ヲ買入レテ更ニ之ヲ賣拂ヒ又ハ債主權、相續權、工業上ノ株數及ヒ其他ノ無形ノ權利ヲ賣渡スニ關スル投機事業ヲ爲ス事

第四　職務ヲ執行スル所ノ事件ニ於テ己レ自カラ關係ヲ有スル事

第五　他ヨリ收受シタル金額ヲ自己ノ名義ニテ益用スル事但シ他人ニ利息ヲ供給スルノ約定ニテ右ノ金額ヲ益用スル時ト雖モ亦同シ

第六　自己ノ紹介ニ因リ爲シタル金額貸渡又ハ公私ノ證

書ヲ以テ證明スルヿヲ任セラレタル金額貸渡ノ擔保人又ハ保證人トナル事但シ其名義ノ如何ヲ問フコトナシ

第七　如何ナル情況ニ於テモ前項ニ列記シタル所爲ハ勿論總テ其他ノ所爲ノ爲メト雖モ他人ニ自己ノ姓名ヲ貸ス事

第十三條　前條ニ記シタル制禁ヲ犯シ又ハ其他總テ取締ノ規定ニ違背スル片ハ別ニ之ヲ告訴スル者アラサル場合ト雖モ其處刑ヲ求メ而メ其景況ノ重劇ナルニ從ヒ第十一年「パント ーズ」月二十五日ノ法律及ヒ此勅令ノ規定ニ從ヒ之ヲ罰ス可シ

第十四條　取締局ハ公證人ニ對シ其犯罪情況ノ重劇ナルニ從ヒ其決議ニ因レル諭告或ハ單純ノ訓戒ヲ加ヘ又ハ會議席ニ於テ局長ヨリ其有罪公證人ニ對シ譴責ノ附加シタル訓戒ヲ

加ヘシメ又ハ總會議ニ於テ可否ヲ發言スルノ權ヲ剝奪シ又ハ初犯ニ付テハ三年ニ過ク可カラス又再犯ニ付テハ六年ニ至ルコトヲ得可キ期限間取締局ニ入ルヲ禁止スル旨ヲ言渡スコトヲ得可シ

第十五條　若シ其犯罪ノ頗ル重劇ニシテ其犯罪ヲ告ケラレタル公證人ヲ停職セシメ又ハ之ヲ免職セシムルニ當ル可シト思ハルヽ時ハ取締局ニ於テ抽籤ノ方法ニ因リ其郡內ノ他ノ公證人若干名ヲ其局員中ニ加ハラシム可シ但シ其參加セシム可キ公證人ノ員數ハ巴里府ノ取締局ニ於テハ十名タル可ク其他各地ノ取締局ニ於テハ其局員ノ全數ニ二ヲ減セシ數タル可シ○斯クノ如クニ組成シタル取締局ニ於テハ發言ノ完全多數ニ因リ單純ナル意見書ノ體裁ヲ以テ右犯罪ヲ告ケ

ラレタル公證人ノ停職及ヒ其停職ノ時間又ハ其免職ノ事ニ付意見ヲ發ス可シ○右ノ場合ニ於テハ秘密投票ノ法ヲ用ヒ可否ヲ申述セシム可シト雖モ其會議ニ招キタル全員中少クモ三分二ノ出席シタル片ニ非サレハ取締局ノ意見ヲ決スルコトヲ得ス

第十六條　若シ右ノ如クニ組成シタル取締局ノ意見ニ於テ右犯罪ヲ告ケラレタル公證人ヲ停職セシメ又ハ免職セシム可シト思考スル時ハ其決議ノ調書ノ謄本一通ヲ裁判所ノ書記局ニ納メ而メ又他ノ一通ヲ撿事ニ渡ス可シ

第十七條　幹事ハ取締ニ關スル犯罪ノ事項ヲ取締局ニ申告ス可シ但シ幹事ハ自己ノ職權上ニテ之ヲ申告シ又ハ撿事ノ訓令或ハ關係各人ノ求メニ因リ又ハ取締局員一名ノ求メニ因

リ之ヲ申告ス可キモノトス○犯罪ヲ告ケラレタル公證人ハ幹事ノ求メニ因リ其犯罪ノ事項ヲ明示スル所ノ單純ノ書狀ヲ以テ五日ヨリ少ナカラサル期限內ニ取締局ニ出席ス可キノ呼出ヲ受ク可シ但シ其呼出ノ書狀ハ幹事其姓名ヲ手署シテ書記ヨリ之ヲ送致シ而シテ書記ハ其送致ノ旨ヲ覺書ニ記シ置ク可シ○若シ其公證人幹事ノ呼出狀ニ從ヒ出席セサルトキハ更ニ復タ幹事ノ求メニ因リ裁判所使吏ヨリ右ト同一ノ期限內ニ出席ス可キ再度ノ呼出狀ヲ其公證人ニ送達ス可シ

第十八條　公證人ノ間ニ起リタル爭論及ヒ取締局ニ於テ其意見ヲ發ス可キ旨ヲ任セラレタル紛紜ニ付テハ其各公證人豫メ取締局ヘノ呼出ヲ受クルコトナク相共ニ取締局ニ出席スルヲ得可ク又ハ該局ニ訴願スル所ノ公證人ノ姓名ヲ手署シ

テ紛紜ノ事柄ヲ明記シ且ツ書記ヨリ送致シタル單純ノ書狀(但シ其書狀ノ寫ハ訴願人ヨリ書記ニ渡ス可キモノタリ)テ因リ又ハ裁判所使吏ノ呼出狀(但シ其呼出狀ノ原本ハ訴願人ヨリ書記局ニ差出ス可キモノタリ)ニ因リ取締局ニ呼出サル可シ○右ノ書狀及ヒ呼出狀ハ豫メ取締局長ノ撿署ヲ受ク可シ○其呼出サレタル公證人ノ出席ス可キ期限ハ第十七條ニ定メタル所ニ同シカル可シ

第十九條　凡ソ犯罪告訴人又ハ犯罪ヲ告ケラレ或ハ犯罪ノ事柄ニ關係ヲ有スル公證人ノ總テ各級ニ於ケル直系ノ血屬親又ハ姻屬親タル公證人及ヒ右各人ノ伯叔父或ハ姪男ノ級ニ至ル迄ノ其傍系ノ血屬親又ハ姻屬親タル公證人ハ取締局ノ會議ニ參加スルコトヲ得ス

第二十條　取締局ハ前ニ記シタル方法ニ從ヒ其犯罪ヲ告ケラレ又ハ其犯罪ノ事柄ニ關係アル公證人ノ申述スル所ヲ聽キ又ハ法ニ適シテ之ヲ呼出シ且ツ凡ソ自己ノ意見ヲ申立テントト欲スル第三者ノ申述スル所ヲ聽キ又ハ法ニ適シテ之ヲ呼出シタル上、第三者ノ告訴及ヒ要求ニ付キ其決議ヲ爲ス可シ但シ自己ノ意見ヲ申立テントト欲スル第三者ハ如何ナル塲合ニ於テモ公證人一名ヲ以テ自己ノ代理者ト爲シ又ハ自己ノ補助ト爲スコトヲ得可シ○取締局ノ決議書ニハ其理由ヲ記シ且ツ其決議ノ席ニ於テ局長及ヒ書記之ニ姓名ヲ手署ス可シ○各決議書ニハ出席シタル各員ノ姓名ヲ記載ス可シ○其決議書ハ單純ナル管理ノ證書又ハ秩序ヲ保存スル爲メノ證書又ハ取締ノ爲メノ證書若クハ單純ナル意見書タルニ過キサレハ如何ナル場合ニ於テモ登記税ヲ納ムルニ及ハス之ニ關スル證據書類モ亦同シ〇取締局ノ決議書ハ別段ノ理由アルニ於テハ呼出狀ト同一ノ方法ヲ以テ之ヲ送達シ且ツ書記ハ其旨ヲ右決議書ノ端ニ附記ス可シ

第二十一條　取締局ノ會議ハ其局ヲ設置シタル都府内ノ特設ノ場所ニ於テ之ヲ爲ス可シ

第二十二條　毎年二回各郡内ニ居住スル公證人ノ總會議ヲ開ク可シ〇又取締局ニ於テ至當ナリト思考スル度毎ニ特別ノ總會議ヲ開クコトヲ得可シ〇總會議又ハ臨時會議ノ會員ハ第六條ノ規定ニ從ヒ之ヲ招集ス可シ〇取締局ノ管轄地内ニ在ル各公證人ハ第二十五條ニ記スル撰任ヲ爲ス爲メ又ハ其職務ノ執行ニ關スル諸件ニ付商議ヲ爲ス爲メ其會議ニ出席

スルノ招喚ヲ受ク可シ

第二十三條　總會議又ハ取締局ニ於テ設ケタル規則書ハ之ヲ檢事ニ送リ檢事ヨリ更ニ檢事長ニ送リテ尙璽兼司法大臣ノ認許ヲ受ク可シ

第二十四條　總會議ノ決議ヲ有效ノモノト爲シ及ヒ其會議ニ於テ撰任ニ取掛ルコトヲ得ルニハ取締局員ヲ除キテ本郡內ノ公證人全員ノ三分一以上出席シタルコトヲ必要トス

取締局員ノ撰任及ヒ其職務ノ繼續ス可キ時期

第二十五條　取締局ノ各員ハ特ニ招集シタル公證人ノ總會議ニ於テ之ヲ撰任ス可シ〇其取締局員ノ一半以上ハ其取締局ノ管轄地ニ在ル公證人全員ノ三分二ニ當ル所ノ現任最古者中ヨリ之ヲ撰任ス可シ〇控訴院ノ首地ニ設置シタル取締局

ノ一部ヲ爲ス可キ公證人中少クモ二名ハ必ス其首地ニ居住スル公證人中ヨリ撰任ス可シ○其他ノ取締局ニ於テハ其局員中一名ハ必ス始審裁判所々在ノ都府ノ公證人中ヨリ撰任ス可シ○其撰任ヲ爲スニ付テハ撰任セントスル人員ニ過ク可カラサル若干ノ姓名ヲ列記シタル連名投票ヲ用ヒ且ツ秘密投票ノ法ニ因リ完全ノ多數ヲ以テ其撰任ヲ爲ス可シ○取締局員ノ職ニ選マレタル公證人ハ其職ニ任スルヲ拒絶スルコトヲ得ス但シ總會議ニ於テ其拒絶ノ旨ヲ聞届ケタル時ハ格別ナリトス

第二十六條　凡ソ全員ヲ三分一ツヽニ分ツコトヲ得可キ人員アル取締局ニ於テハ每年之ヲ三分一ツヽ更新セシム可シ又全員ヲ三分一ツヽニ分ツコトヲ得サル取締局ニ於テハ成ル

可キ丈ケ其三分一ニ近キ人員ヲ毎年更新セシメ而シテ三分一ニ足ラサル部分ヨリ始メテ其三分一ニ足ラサル部分ト其三分一ニ過キタル部分トヲ毎年交代セシメ凡ソ如何ナル場合ニ於テモ前條ニ記シタルモノヲ除クノ外ハ如何ナル局員ト雖モ引續テ三ケ年以上其職ニ在ルコトヲ得サラシム可シ

第二十七條　取締局ヲ組成スル爲メニ指定メラレタル各員ハ第二十五條ニ定メタル方法ニ從ヒ其員中ヨリ局長及ヒ第六條ニ記シタル其他ノ諸役員ヲ撰任ス可シ○局長ハ常ニ必ス第二十五條ニ指定メタル最古者中ヨリ撰任ス可シ但シ第八條ノ規定ヲ適用スルハ別段ナリトス○其撰任ハ毎年之ヲ更新ス可クシテ同一ノ人ヲ再ヒ撰任スルモ妨ケナシ但シ同數ノ投票ヲ得タル者二名アル時ハ其中ノ年長者ヲ撰任ス可

キモノトス○役員ノ職ニ撰任セラレタル者ハ其職務ヲ拒絶スルコトヲ得ス

第二十八條　取締局員ノ選任ハ每年五月ノ初メノ十五日內ニ之ヲ爲ス可シ○役員ノ撰任ハ遲クモ五月十五日ニ之ヲ爲シ而シテ取締局ハ其撰任ノ後直チニ之ヲ組立ツ可シ

名譽公證人

第二十九條　國王ハ取締局ノ申立ト尙璽兼司法大臣ノ上申トニ因リ引續テ二十年間其職務ヲ行ヒタル公證人ニ名譽公證人ノ名稱ヲ授與スルコトヲ得可シ

第三十條　名譽公證人ハ總會議ニ參加スルノ權アリ○名譽公證人ハ意見申述ノ發言ヲ爲スノ權アリ

公證人ノ職ニ任セントス希望スル者

第三十一條　公證人ノ職ヲ得ント求ムル總テノ筆生ハ其附屬シテ事業ヲ行ヒタル公證人ノ保證書ヲ具有スルコトヲ必要トス但シ其保證書ニハ右筆生ノ公證人ノ役場ニ於テ有セシ等級ヲ證明ス可シ

第三十二條　第十一年「バントーズ」月二十五日ノ法律第三十六條以下ニ定メタル見習ノ爲メノ記入ハ職務希望者ヨリ其出產證書ト前條ニ記シタル保證書トヲ差出シタル上ニテ之ヲ爲ス可シ

第三十三條　取締局ノ書記ハ之カ爲メ同局長ノ記號ヲ附シ及ヒ花押ヲ爲シタル帳簿ヲ設ケ置ク可シ〇其帳簿ニ爲ス所ノ記入ハ取締局ノ書記ト職務希望者ト之ニ姓名ヲ手署ス可シ〇其記入ハ第三十一條ニ從ヒ差出シタル保證書ノ日附ヨリ

三ケ月內ニ之ヲ爲ス可シ○其保證書及ヒ希望者ノ出產證書ハ取締局ノ書庫中ニ藏メ置ク可シ

第三十四條　凡ソ公證人ノ職務ニ任セント希望スル者ハ滿十七歲ノ年齡ニ達シタルニ非サレハ其記入ヲ許サレサルモノトス

第三十五條　第四等筆生以下ノ等級ノ爲メノ記入ハ取締局ノ許可ヲ得ルニ非サレハ之ヲ爲スヲ許サス但シ同局ニ於テハ其希望スル筆生ノ員數其役場ノ事業ニ比準シテ多キニ過クルト思考スルニ於テハ其許可ヲ拒絕スルコトヲ得可シ○一箇ノ役場ニ於ケル二人以上ノ筆生ニ相共ニ同一ノ等級ヲ授與スルコトヲ得ス

第三十六條　若シ職務希望者ノ此級ヨリ彼級ニ轉シ又ハ此役

場ヨリ彼役場ニ轉スル時ハ三ケ月內ニ其屆出ヲ爲ス可シ但シ其屆出ハ第三十三條ニ定メタル方法ヲ以テ之ヲ受ク可キモノトス其屆書ニハ常ニ必ス屆出人ノ等級ヲ證明スル保證書ヲ添ユ可シ

第三十七條　取締局ハ其管轄地內ノ職務希望者各員ノ品行ヲ監視シ情況ニ從ヒ其各員ニ對シテ諭告又ハ訓戒ヲ加ヘ或ハ一ケ年ニ過ク可カラサル特定ノ時間見習ノ停止ヲ言渡スコトヲ得可シ○筆生ニ對シテハ公證人ニ付此勅令ニ定メタルト同一ノ方法ヲ以テ處分ス可シ○然レトモ第十五條及ヒ第十六條ノ規定ハ之ヲ適用ス可カラス○如何ナル場合ニ於テモ先ツ其犯罪ヲ告ケラレタル筆生ノ附屬シタル役場ノ公證人ノ申述ヲ聽キ又ハ之ヲ呼出ス可シ

第三十八條　第三十三條ニ定メタル見習證明ノ方法ヲ設ケアラサル各取締局ノ書記課ニ於テハ此勅令公布ノ時ヨリ一ケ月内ニ同條ニ定メタル記入ノ帳簿ヲ開設ス可シ○其取締局ノ管轄地内ニ於テ事業ヲ行フ所ノ各職務希望者ハ遲クモ來ル四月一日迄ニ其記入ヲ爲サシム可ク而シテ右ノ期限内ニ爲シタル其各員ノ第一回ノ記入ハ其差出シタル保證書ニ據リ既ニ經過シ得タル見習ノ時期ヲ證明ス可シ但シ其保證書ハ此第一回ノ記入ニ付テハ取締局幹事ノ撿署ヲ受クルヲ必要トス

共同資本金

第三十九條　取締局費用ノ爲メ共同資本金ヲ設ク可シ○其共同資本金中ニハ總會議ニ於テ決定セシ費用ニ供スルニ必要

ナル金額ノミヲ納ム可シ○其共同資本金ヲ設クル總會議ノ決定ハ第二十三條ニ記シ定メタル如ク尙璽兼司法大臣ノ認許ヲ受ク可シ○其決定シタル金額ヲ郡中ノ各公證人ノ間ニ割附ル分配方ハ總會議ヨリ之ヲ申立テ而シテ其姓名目錄ハ撿事長ノ意見ヲ聽キタル上第一等局長ニ於テ執行ス可キモノト爲ス可シ

總則

第四十條　第十二年「ニボース」月二日ノ命令ハ之ヲ廢ス○（其他本條ノ規定ハ一時假リノ成規タレハ此ニ之ヲ略ス）

公證人ノ書記スル證書ノ法式ニ關スル千八百四十三年六月二十一日ノ法律

第一條　第十一年「バントーズ」月二十五日ノ法律宣令後ニ公證人ノ記シタル證書ハ之ヲ記スル時ニ當リ第二ノ公證人又ハ立會證人二名ノ其席ニ立會ハサルノ故ヲ以テ之ヲ取消スコトヲ得ス

第二條　今ヨリ後ハ生存中ノ贈遺、結婚中夫婦間ニ於テ相互ニ爲ス贈遺、生存中ノ贈遺又ハ遺囑贈遺ノ廢棄、私生子ノ認定及ヒ此等ノ所爲ヲ行フニ付テノ代理委任ヲ證スル公證人ノ證書ハ公證人二名相共ニ之ヲ記シ又ハ證人二名ノ面前ニ於テ公證人一名之ヲ記ス可ク若シ然ラサレハ其證書ノ効ナカル可シ○第二ノ公證人一名又ハ證人二名ノ立會ハ公證人ノ其證書ヲ讀上ケ及ヒ關係各人ノ姓名ヲ手署スル時ニ非サレハ必要ナリトセス而シテ其第二ノ公證人一名又ハ證人二名ノ

立會ヒタル事ハ必ス之ヲ附記ス可ク若シ然ラサレハ其證書ノ效ナカル可シ

第三條　右ニ記シタル以外ノ證書ハ此法律第一條ニ說明シタル如ク從前ノ通リ第十一年「バントーズ」月二十五日ノ法律第九條ニ因リ之ヲ規定ス可シ

第四條　遺囑贈遺ノ法式ニ關スル民法ノ成規ハ此法律ヲ以テ更改スルコトナシ

明治十九年九月八　日版權免許
明治十九年九月十一日改題御屆
明治二十年一月十五日再版御屆

定價金三拾錢

著者　靜岡縣士族
石川惟安
府下本所區藤代町
四番地寄留

出版人　兵庫縣士族
長尾景弼
府下芝區三田壹丁
目三拾六番地寄留

發行所
東京銀座四丁目　博聞本社
大阪備後町四丁目　仝分社
千葉縣下千葉町　仝分社
埼玉縣下浦和驛　仝分社

賣捌書林

東京日本橋通壹丁目　北畠茂兵衛
仝　通二丁目　大倉孫兵衛
仝　小林新兵衛
仝　通三丁目　山城屋佐兵衛
仝　丸善書店
仝　西河岸町　須原鐵二
仝　表神保町壹番地　日本法律雜誌社
仝　南傳馬町壹丁目　囂書閣
仝　近江屋半七
仝　柴井町　松井忠兵衛
仝　兩國吉川町　島屋一助
仝　本町二丁目　柳川梅次郎
仝　横山町二丁目　岩屋彌兵衛
仝　神田表神保町　中西屋邦太
仝　麹町三丁目　石塚德太郎
仝　神田表神保町　錦水堂
仝　神田雉子町　巖々堂
西京東洞院三條上ル　村上勘兵衛
仝　佛光寺通烏丸東ヘ入　東枝吉兵衛
仝　河原町通　大黒屋太郎右衛門
大阪本町四丁目　岡島眞七
仝　南久寶寺町　前川善兵衛
仝　北久太郎町　柳原喜兵衛
横濱辨天通四丁目　丸善書店
肥前長崎引地町　鶴野常藏
函館大町　常野嘉兵衛

越後新潟古町通二番町　井筒駒吉
駿州靜岡江川町　廣瀨文林堂
尾州名古屋本町　片野東四郎
仝　本町　石版舍
勢州津北堀端　若林堂
江州彥根西内大工町　新々堂
濃州岐阜太田町　春陽舍
紀州和歌山北町　津田源兵衛
越後長岡裏一ノ町　大橋新太郎
仝　高田呉服町　本多勝太郎
加州金澤尾張町　牧野作平
越前福井照手町　岡崎左喜介
備前岡山仲ノ町　細謹社
雲州松江本町　園山喜三右衛門
阿州德島　阪井萬吉
伊豫松山港町　向井藏次郎
仝　港町　玉井新次郎
肥後熊本新二丁目　長崎次郎
筑前福岡橋口町　山崎登
日向延岡新小路　遠山貞一
陸中盛岡中ノ橋通　澤田正介
陸奥弘前土手町　野崎九兵衛
陸前仙臺大町　水村文助
野州宇都宮　小林八郎
常州土浦　柳旦堂本店
仝　水戸上市泉町　仝　支店

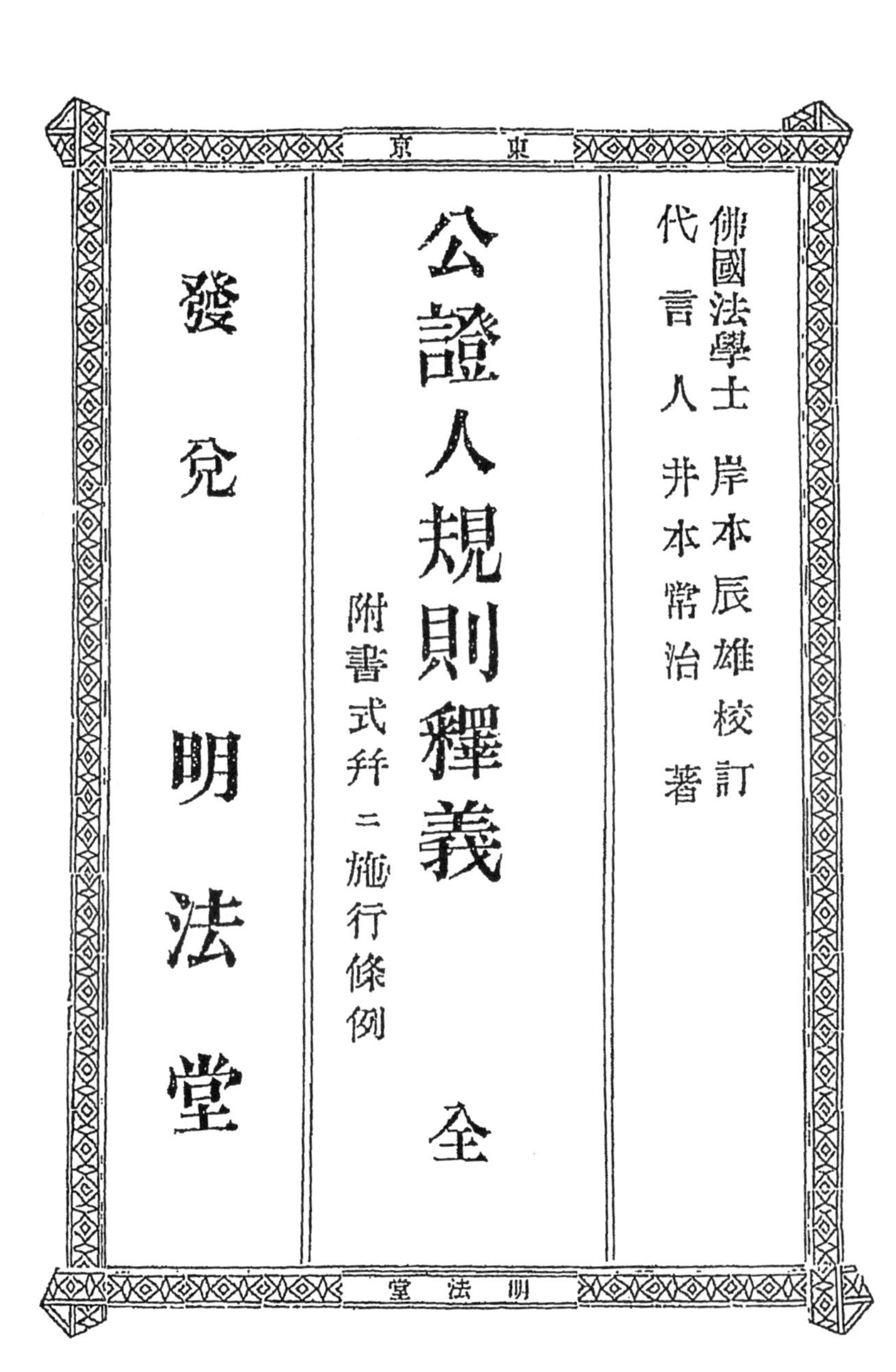
東京
佛國法學士　岸本辰雄校訂
代言人　井本常治著
公證人規則釋義　全
附書式幷ニ施行條例
發兌　明法堂
明法堂

公証人規則釋義

佛國大學法律學士　岸本辰雄校訂
代言人　井本常治著述

總論

公証人規則ハ今回ノ創設ニ係ハルモノニテ本邦ニ於テハ古來曾テ其例ヲ見サルナリ故ニ本則ハ今日ニ在テハ多少新奇ノ感ナキヲ免レスト雖モ社會必須ノ規則ニシテ本邦急施ヲ要スル所以ノ理ニ至テハ學者間ニ於テ早ク已ニ論議ヲ生シ嘖々トシテ措カサルナリ然ルニ今日終ニ此ノ發布ヲ見ルノ榮ヲ得ルモノ蓋シ時運ノ然ラシムル所ニ出ルト雖モ抑々亦タ當局者ノ機ヲ見テ事ヲ處スルノ宜キヲ得タルニ由ルノミ豈其注意ノ厚キヲ感謝セサル可ケンヤ歐州諸國ニ於テハ文明ノ發達ト共ニ前世紀ノ末ニ於テ已ニ此規則ノ設定アリ今日ニ至テハ何

レノ邦國ニ就テ是レヲ見ルモ實ニ社會必須ノ法則ナリトシテ尊重セラレサルナク又公証人ノ職務モ益々頻繁ヲ加ヘサルナシ蓋シ社會ニ於テ信用ノ貴重ナル程度ハ即チ是公証人ノ必要ナル標準ナリト〆見ルヲ得可キナリ

元來公証人ナルモノハ本則第一條ニ於テ規定セラレタル如ク人民ノ囑托ニ因リ公正証書ヲ作ルヲ以テ其職務トナスモノニ〆公証人ノ作リタル此公正証書ハ法律上完全ノ証據力ヲ有シ設令反對ノ証據ヲ擧ケテ以テ是レヲ攻撃スルモ到底動カシ得可カラサル効力ヲ有スルモノナリ故ニ証書ヲ作リテ他日ノ紛議ヲ避ケント欲セハ此公正証書ヲ除イテ他ニ此ノ如ク完全ナルモノアラサルナリ或ハ相互ノ約束ニ於ケルモ(賣買、貸借ノ如キ)或ハ自己ノ存意ヲ表章スルニ於ケルモ(贈與、贈遺ノ如キ)此公正証書ヲ以テ之レヲ爲ストキハ異日決シテ紛紜ヲ生スル憂アラサルナリ而シテ此公正証書ナルモノハ普通ノ場合ニ在テハ裁判ヲ仰クノ煩ナク直チニ其執行ヲ請求シ得ルカ如キ非常ノ勢力ヲ有スルモノナリ

此公証人ハ司法大臣ニ隷属シ控訴院長始審裁判所長ノ監督ヲ受ク可キモノニシテ純然タル公吏ナリ又タ公証人ノ作タル証書ハ公正証書ト称シ反對ノ証據ヲ以テスルモ之レヲ動スコ能ハサルモノニテ場合ニ依テハ別段裁判ヲ仰スシテ直チニ執行力ヲ有セルカ故其職務上最モ信任ヲ要シ又信用ヲ置カレタルヤ知ル可キナリ然レモ一方ヨリ之レヲ見ルモハ諸他官吏ト大ニ其趣ヲ異ニスルモノアリ凡ソ官吏ト称スルモノハ等級ノ如何ニ關ハラス亦タ其多少ニ論ナク必ス定額ノ俸給ヲ受ケサルナシ然ルニ公証人ハ一切俸給ヲ受ケス只タ其職務上囑托人ヨリ手數料トシテ若干ノ定額ヲ収ムルノミ而シテ公証人ハ蓋シ

已ムヲ得サルニ出タル一時ノ特典ナル可ト雖𪜈彼ノ營業代言人ニメ之ヲ兼務シ得ルモノトナセリ抑々代言人ニメ公証人ヲ兼ヌルハ種々不都合ナル關係ヲ生スルアリテ固ヨリ得策ニ非サルナリ殊ニ彼ノ佛國ノ如キニ於テモ斯ル法則ヲ存セサルヲ見レハ只タ是レ一時適當ノ人ヲ得ルニ困難ナルヨリ事茲ニ至リシモノナリト信スルナリ然レ𪜈公証人ナルモノハ其性質諸他官吏トハ大ニ其趣ヲ異ニスルモノナレハ或ハ一種ノ營業者タルニ外ナラサルヿヲ疑フモノナキヲ保ス可ラス左レ𪜈此ノ公証人ナルモノハ決テ普通營業者ノ類ニアラサルナリ恰モ彼ノ裁判所附屬ノ執行吏ナルモノカ定額ノ俸給ヲ受スメ尚ホ官吏ノ列ニ在ルト同ク公証人モ亦タ一種ノ官吏タルニ外ナラサルナリ蓋シ此的ノ職員ハ一般ノ官吏ト大ニ其趣キヲ異ニセルカ故官民ノ間ニ於ケル一種ノ位置ヲ保ツモノニシテ公吏ナル名目ヲ附スルコメ

適當ノ稱呼ト云フ可シ且ツ諸外國ニ於テモ此的ノ職員ハ稱シテ之レヲ公吏ト爲セリ又以テ一ノ參考ニ供ス

法律第二號

公証人規則

第一章　總則

總則トハ本則全般ニ關スル肝要ノ事柄ヲ規定シタルモノニシテ公証人トハ如何ナル身分ノ者ヲ云ヒ又タ如何ナル職務ヲ有スルモノナリヤ其管轄ノ區域ハ如何其事務ノ取扱ハ如何ト凡ソ本則全般ニ關スル肝要ノ事柄ヲ一々網羅シテ之レヲ規定ナシタルモノ即チ他ノ諸章ニ冠タル總体ノ法則ナリトス

第一條　公証人ハ人民ノ囑託ニ應シ民事ニ關スル公正証書ヲ作ルヲ以テ職務ト爲ス

本條ニ於テハ公証人ノ職務ヲ規定セリ凡ソ職員ハ必須要ナル職務ノ以テ任ス可キモノアリテ然ル後之レヲ置クモノニシテ今公証人

ナル職員ヲ置クニ就テハ必ス先ツ之レニ任ス可キ職務ノ如何ナルヤヲ規定セサル可カラス是レ本條ノ規定アル所以ナリ

抑々本條ニ規定セルカ如ク公証人ナルモノハ民事ニ關スル公正証書ヲ作ルヲ以テ其職務トナスモノニシテ一私人タル契約者双方ノ間ニ於テ証書ヲ作リ事爲ヲ後日ニ約ス可キ必要アルニ際シ豫メ其異日將ニ起ラントスル紛雜ヲ避ケ該約件ノ正確ニ完成センヿヲ欲スルニ當リ其囑託ニ應シ公証人ハ其職務ヲ以テ此公正証書ヲ作ルナリ故ニ人民此公正証書ヲ以テ事爲ヲ約スルトキハ異日假令反對ノ証據ヲ擧クルモ決シテ之レヲ破却スルヲ得スシテ實ニ証書面ノ事爲ハ完全ニ保護セラル可キモノトス且ツ夫レ此公正証書ハ場合ニ依リ別ニ裁判ヲ受クルヲ要セス只タ其裁判所ノ命令書ヲ得ル而已ニシテ執行力ヲ有スル者ナリ實ニ其証據力ノ完全ニ〆且保護ノ

充備ナル他ニ其類例ヲ見サルナリ
本條中民事ニ關スル云云トアルカ故公証人ノ公正証ヲ作ルハ只民事ニ止マリ決シテ刑事上ニ及スヿヲ得サルハ素ヨリ明瞭ナリ何トナレハ刑事ハ元是レ公法ニ屬スルモノニシテ其証據収取ノ法等モ別ニ治罪法ヲ以テ嚴格ニ規定セルモノアルカ故公証人ノ其關係ヲ刑事ニ有セサルヿハ深ク疑フヲ要セサレハナリ更ニ又タ一歩ヲ進メテ之ヲ細査スルトキハ此ノ民事ナル文字ハ如何ナル區域ニ居ルモノカ元來法律語トシテハ商事ト區別スル爲メニ使用セラルヽヿナキニアラス現ニ本則ニ於テモ第二十三條中公証人ノ試驗科目ヲ定ムルニ當テハ民法商法等ノ規定アリテ民商ノヿヲ分割シテ記載セリ然ルニ今本條ニ於テ民事ニ關スル云云トナシタルハ如何ナル意ナリヤト云フニ決テ彼商事ト區別シタルモノニアラサルヿヲ確信セサル可カラス如何トナ

レハ彼ノ商事ナルモノハ又民事ト等シク私法ノ一ニ〆殊ニ其關係ハ至テ密接ナルモノニテ是レカ分界ヲ立ツルスラ尙ホ多少ノ困難ヲ覺フルモノナリ且ツ夫レ諸外國ニ於テモ民事刑事ノ二語ハ必ス相對セシモノナリトシテ常ニ使用セラルヽモ商事ナル文字ニ至ツテハ特ニ之レヲ分割シテ使用セサルヨリ以上ハ常ニ民事ト云ヘル文字中ニ含蓄セルモノナリトナシ又タ商事ヲ〆特ニ本則ノ保護外ニ置クカ如キハ毫モ其理由ノ存スルモノアラサレハナリ故ニ本條中民事ニ關スル云々トアルハ刑事ト區別スル爲メノ語ニ〆商事ハ此ノ中ニ含蓄セルモノナリ法文固ヨリ此ノ如ク明瞭ナルニアラスト雖モ立法者ノ精神ヲ推測スレハ決テ是ノ定解ニ外ナラサルヘシ公証人ノ作リタル公正証書ハ非常ノ勢力ヲ有シ又タ十分ナル保護ヲ受クルト同時ニ之ヲ作ルノ方法モ亦タ頗ル嚴格ニシテ尤モ精緻

ナル條件ヲ要シ其一二條件ヲ欠クアルモ公正證書ノ效ヲ失フモノ僅少ナラス蓋シ公正證書ノ位格ヲシテ尊大ナラシメンニハ又已ム可ラサルノ規定ナリトス然レ圧諸外國ノ法則ヲ見ルニ此ノ如キモノハ多ク其場合ヲ區別シ假令其一二條件ヲ欠クアルモ苟モ其證書中ノ事爲ニシテ不正ナラサル以上ハ良シ公正證書ノ效力ヲ有セサルモノト爲スモ一個ノ私證書タル效力ハ之レヲ有スルモノトナセリ此區別ハ本邦ニ於テモ亦タ採用スヿ可キ要用ナリ若シ夫レ其證書ニシテ法律命令等ニ違犯シタルカ或ハ法律上成立ヲ得可ラサル事爲ヲ以テ作リタル𪜈ハ素ヨリ無效タル可キハ論ヲ待タスト雖圧之ヲ除キ普通ノ場合ニ於テ成立ヲ得可キモノナレハ只タ其公正證書タルニ必要ナルヘキ一二條件ノ遺漏ニ依リ公正證書ノ效ヲ失フアレハトテ普通私ノ證書タル效力マテ幷セテ之レヲ失ハシムルカ如

キハ抑モ條理ノ許サヽル處ニテ敢テ法律ノ明文ヲ俟タス之ヲ道理ニ照シテ自ラ私ノ証書タル可キ効力ヲ有セシメザル可カラサルナリ

第二條　公証人ハ法律命令ニ背キタル事件ノ公正証書又ハ他ノ官吏ノ作ルヘキ公正証書ヲ作ルヿヲ得ス若シ之ヲ作リタルトキハ公正ノ効ヲ有セス

本條ハ公証人メ職務上ニ付テ行ヒ得ヘキ正當ナル制限ヲ示シタルモノナリ而シテ本條ニ云フ法律命令ノ文字ハ公文式ニモ其區別判然タラサレ𪜈抑々法律トハ必ス元老院ノ議決ヲ經タル後發ス可キノ法則ニシテ命令トハ勅令閣令省令又ハ府縣令等凡ソ行政上ノ布達類ヲ云ヒ又タ郡區戸長ノ達書等モ此ノ中ニ含メルモノトス偖テ人民相互ノ間ニ於テ此法律此命令ノ禁シタル事柄ヲ目的トシテ証書ヲ作ラント欲シ之ヲ求ムルアルモ公証人ハ決シテ此公正証

書ヲ作ルヿヲ得サルナリ之レヲ例センニ人民私ニ銃炮彈藥ノ賣買ヲ爲スヿヲ禁シタル場合ニ於テ其賣買契約ヲナシテ公正証書ヲ作ランヿヲ求メ又ハ法律ニ於テ私生子ニハ贈與ヲ禁スルノ明文アルニ其贈與ノ証書ヲ作ランヿヲ求メタルカ如キ或ハ又惡疫流行地ニ令シテ襤褸類ノ輸出ヲ禁シタルド之レニ反スルノ約束証ヲ作ラントスルノ類是レナリ其他此ノ如明白ニ法律命令ノ禁スルニ非サルモ其契約ニメ法律上若クハ條理上當然成立ツ可カラサルモノナル𪜈ハ假令囑託人ノ求メアルモ公正証書ヲ作ルヲ要セス且ツ之ヲ作ルヲ得サルナリ

又タ他ノ官吏ノ作ルヘキ公正証書類云々トハ即チ裁判所書記ノ作ルヘキ裁判言渡書ノ謄本若クハ郡區戶長ノ取扱フヘキ戶籍上ノ証書類等其主任アル書類ハ公証人ニ於テ決シテ之レヲ作ルヲ得ス若

シ之レヲ作リタルヿアルモ其証書ハ決シテ公正証ノ効アラサルモノト爲セリ凡ソ公証人タルノ資格ハ其職務上正當ニ取扱可キ事柄ニ附テノミ存スルモノナルカ故其職務外ニ渉リテハ一己ノ平人ト異ナルヿナシ故ニ前擧ノ主任アル書類ノ如キハ總テ公証人ノ職務外ノモノナルヲ以テ假令公証人ニ於テ之レヲ作ルモ一己人タル平人ノ作リタル書類ト同一ニシテ毫モ其効アラサルナリ

第三條　公証人ノ作リタル公正証書ハ完全ノ証據ニシテ其正本ニ依リ裁判所ノ命令ヲ得テ執行スル力アルモノトス但シ刑事裁判所ニ僞造ノ訴アルトキハ其ノ証書ノ執行ヲ中止ス可シ又民事裁判所ニ僞造ノ申立アルトキハ其ノ証書ノ執行ヲ中止スルヿヲ得

本條ニ於テハ公正証書ノ効力如何ヲ見ルヘキモノトス抑々公正証書ハ完全ノ証據ニシテ實際ニ於テ如何ナル反對ノ証書又ハ事柄ノ發

見スルアルモ決シテ之レヲ動カス能ハサルモノトス且ツ唯タ此確的ナル効力ヲ有スルノミナラス正本ヲ作リタル場合ニ在テハ特ニ裁判ヲ煩ハサスシテ只タ其裁判所ノ執行命令書ヲ得タルノミニテ之レヲ執行スルコトヲ得ルモノトス實ニ此公正証書ハ唯タ安全ノミヲ以テ尊重スヘキニ非ス亦タ簡單ニシテ後日紛雜ヲ生スルカ如キ憂アラサルナリ尤モ正本ハ如何ナル場合ニ於テモ此レヲ作リ得ヘキニアラス是ヲ作ルニハ必ス第四十三條ニ於テ規定シタル制限ニ從ハサル可カラサルナリ

夫レ一般ニ公正証書ナルモノハ非常ノ効力ヲ有シ現ニ提擧シタル反對ノ証跡ニ對シテモ尙ホ打勝ツコトヲ得可ク特ニ其正本ノ如キハ簡單ナル裁判所ノ命令ヲ得ルノミニテ執行スルノ力アルモノニシテ實ニ正確ナル証據ト云ハサル可カラス然レトモ此証書ニシテ若シ

僞造ナリトノ訴刑事裁判所ニ起リタルトキハ其執行ヲ中止セサル可カラス何トナレハ其証書ニシテ果シテ僞造ナルトキハ固ヨリ寸毫モ効力ヲ有スヘキモノニアラスシテ且之レヲ執行シ終ルモ再ヒ舊ニ復セサル可カラサレハナリ且ツ夫レ民刑ノ二訴幷ヒ起ルトキハ先ツ刑事ノ落着ヲ俟テ然ル後チ民事ニ及ホスヲ一般ノ定則トナスモノニ〆治罪法第六條等ノ精神モ亦タ是レニ外ナラサルナリ

若シ又僞造ノ訴刑事裁判所ニ起ラサルモ民事裁判所ニ於テ此ノ証書ハ僞造ナリト申立タリシ場合ニ於テハ裁判官ノ意見ニ依リ其執行ヲ中止スルヿヲ得ルナリ然レトモ此場合ニ於テハ必スシモ中止ス可シト云フニアラス即チ裁判官ニ於テ其申立ノ眞實ナリト信シタルトキノミ之ヲ中止シ若其不實ノ申立ト思考シタルトキハ其申立ヲ採用セス〆之レヲ執行セシムルヿアル可シ蓋民事裁判所ニ於テ僞造

ノ申立ヲ爲スカ如キハ其窮策ニ出間々之ヲ陳辨スルモノ少ナカラサルカ故ニノ場合ハ此レガ取捨ノ權ヲ裁判官ニ與ヘタルナリ

第四條　公証人ハ治安裁判所ノ管轄地ヲ以テ受持區トシ其ノ區内ニ於テ司法大臣ノ認可ヲ受ケタル町村内ニ住居シ其居宅ニ役場ヲ設ケ役場ニ於テ職務ヲ行フヘシ但シ役場外ニ住居セントスルトキハ管轄始審裁判所ノ認可ヲ受クヘシ

已ムヲ得サル事件ニ付テハ受持區内ニ限リ役場外ニ於テ其ノ職務ヲ行フ可シ

本條ニ於テハ公証人ノ受持區ヲ示定セリ抑々公証人ノ受持區ハ人ニ附テ制限ヲ立テタルニアラスメ土地ニ附テ之ヲ規定シタルモノナルヿヲ知ル可シ即チ公証人ノ受持區ハ治安裁判所ノ管轄地内ヲ以テ限リトナセリ而シテ該管轄地内ニ於テ司法大臣ノ認可シタル町村

内ニ居住シ以テ其職務ヲ取扱サル可カラス尤其居宅ト役塲トヲ分別セサル可カサル事情アルトキハ管轄始審裁判所ノ認可ヲ經タル上ニテ之レヲ分離スルコトヲ得ルナリ然レトモ法律ノ精神ハ可成塲所ト關係ヲ保タシメントノ意ニシテ大ニ土地ニ附テ其區畫ヲ設ケタリ後ノ第七條ニ就テ之レヲ見ルモ亦タ其精神ノ在ル所ヲ知ルニ足ルナリ」第二項ニ已ムヲ得サル事件ニ附テハ受持區内ニ限リ云云トアリ此役塲外ニ於テ証書ヲ作ルノ已ムヲ得サル事件トハ如何ナル事件ナルカ之レヲ發見スルコトヲ得サルナリ惟フニ斯ル事件ハ決シテ存在セサル可シ私カニ法律ノ精神ヲ案スルニ或ハ是レ不得止ノ塲合ヲ指示シタルナランカ不得止塲合トハ之レヲ例スルニ死ニ瀕シテ遺囑証ヲ作ラント欲スル者ノ如キ其他急遽止ミ難キ事情ノ爲メ公証人ノ出張ヲ求ムル等ノ塲合ヲ云フナリ即チ本條ニ於テハ斯ル塲合

ニ際セハ其受持區内ニ限リ役場外ニ於テモ亦職務ヲ行フ可シトナセシモノナル可シ

第五條　各區内公証人ノ員數ハ司法大臣之ヲ定ム

前條ニ於テ公証人ノ受持區ハ治安裁判所ノ管轄地内トナス旨ヲ示定シタルト雖ヒ同シク治安裁判所ノ管轄地中ニ在テモ區劃ノ廣狹人口ノ多少ニヨリ事務ニ繁閑ノ別アルヲ以テ豫メ一定ノ職員ヲシテ之レニ當ラシムルハ太タ難事ナリ故ニ本條ニ於テハ司法大臣ニ之ソ其員數ヲ定メシムヘキモノトナセリ而シテ此件ニ附テハ已ニ司法太臣ヨリ省令ヲ以テ施行條例ヲ發布セラレ其條例ノ規定ニ依ルトキハ一受持區内ニ五人以下ヲ置クコトシ若シ公証人ノ員數不足スルトキハ受持區ニ依リテハ全ク之ヲ置カサルコモアルヘシトナセリ此ノ變則ハ是レ即チ僻遠ノ地方ヲ慮リタルモノナル可シ何トナレ

ハ僻遠ノ地ニ於テハ法學士代言人等ハ勿論苟モ公証人ノ職ヲ充タシ得ヘキ學力ヲ有スルモノハ太タ僅少ニシテ或ハ適當ノ資格ヲ有スル者絶テナキ地方モアル可シ然ルニ此ノ如キ地方マテ强テ之ヲ置カント欲セハ勢其位格不充分ナルモノヲ以テ此任ニ當ラシメサル可カラス此ノ如キハ却テ不可云ノ弊害ヲ生シ本則ノ精神ニ戾ルナキヲ保セサルナリ故ニ地方ニ依リテハ全ク之ヲ置カサルヿモアリトナセリ然リト雖モ是レ唯タ一時不得止ニ出タル便宜ノ措置ニシテ法律永遠ノ精神ニアラサルヤ素ヨリ疑ヒヲ容レサルナリ

第六條　公証人ハ司法大臣ニ隷屬シ控訴院長始審裁判所長ノ監督ヲ受クルモノトス

本條ハ公証人ノ資格ヲ定メタルモノニシテ是ニ至テハ愈々公証人ノ公吏ニ外ナラサルヿヲ識認シ得可シ即チ本條ニ依ルニ公証人ハ司法

大臣ニ隷屬シテ控訴院長並ニ始審裁判所長ノ監督ヲ受クルモノトナセリ然ハ則チ其身ハ司法大臣ノ直接配下ニ位シ控訴院長始審裁判所長等ハ唯タ其職務上ノ監督ヲナスニ止マルモノナレハ凡ソ全國ノ公証人皆ナ一規同則ノ下ニ運動シ其伺等モ直ニ司法大臣ニ提出ス可キモノニシテ純然タル公吏ナリ故ニ控訴院長始審裁判所長ハ之ヲ指揮シ之レヲ支配スル能ハス彼ノ郡區戸長等カ内務太臣ノ支配ノ下ニ在リナカラ幷セテ府縣知事ノ支配ヲ受ケ居ルモノトハ多少其趣キ異リアルヲ知ル可キナリ

第七條　公証人其ノ受持區內ニ於テハ區外人ノ爲メニモ職務ヲ行フ可シ但受持區外ニ於テハ何人ノ爲メニテモ職務ヲ行フヿヲ得ス若シ之ヲ行ヒタルトキハ其書類ハ公正ノ効ヲ有セス

本條ニ於テモ亦タ公証人ノ受持區ハ土地ヲ以テ制限シテ受持區ノ

人ニ及フニ非サルヿヲ知ルヘシ故ニ公証人ハ其受持區内ニ在リテハ區外人ノ囑託ヲ受クルモ區内人ノ囑托ト同シク之レニ應セサル可カラス然レヒ受持區外ニ在テハ假令區内人ノ囑託ニ係ルモ決シテ是レニ應シテ証書ヲ作ルヿヲ得サルモノトス夫レ公証人ノ受持區劃ハ土地ニ附テノミ定メラレ人ニ附テハ毫モ關係ナキヿヲ第四條ノ下ニ於テモ己ニ見來リシカ公証人苟モ其受持區ヲ出ルヤ直チニ其資格ヲ失ナヒ只タ通常ノ一己人ニ過キサルナリ故ニ此場合ニ於テ假令証書ヲ作タルモ公正ノ効ハ決シテ之レアラサルナリ蓋シ此場合ニ於テハ只タ公正ノ効ヲ有セサルノミニヌ私ノ証書タルノ効力ハ十分之レアルモノトス何トナレハ私ノ証書ハ何人ト雖モ之ヲ作ルヿヲ得ルモノニシテ公証人ノ受持區外ニ於テ作リタル場合モ亦タ平常一己人トシテ之レヲ見レハ其作リタル証書ハ純然タル

私ノ証書タル効力ヲ有スルハ素ヨリ論ヲ待タサルナリ

第八條　公証人ハ理由ナクシテ人民ノ囑託ヲ拒ムコトヲ得ス若シ之ヲ拒ミタルトキハ囑託人ノ求メアレハ其ノ理由ヲ記シテ渡スヘシ」

已ニ見來ルカ如ク公正証書ナルモノハ其効力至強至大ニ〆最モ信用厚キモノナルカ故從テ之ヲ要スルモノ僅少ナカラサル可ク時機ニ依リテハ必ス公正証書ヲ作ルニ非サレハ大害ヲ生シ來ル塲合モアル可シ斯ル必要ノ塲合ニ於テ公証人該証書ヲ作ルヿヲ肯ンセス漫リニ此レヲ拒絶スルカ如キヿアラハ其人民ノ不便ヲ蒙ムルヿ實ニ僅少ナラサル可シ故ニ立法者ハ豫メ此塲合ヲ慮リ本條ヲ以テ公証人ハ理由ナキニ人民ノ囑託ヲ拒絶スル能ハサルモノトナセリ其理由トハ其事柄ノ法律命令ニ違背セルカ又ハ法律上成立セサルモノナルカ必ス之ヲ拒絶スルニ足ルヘキ理由タルヿヲ要スルナリ若シ其

理由ニシテ不十分ナル如キハ囑託人ニ於テモ其不服ヲ伸ヘサル可カラス故ニ囑託人ニ於テモ其拒絶ノ理由書ヲ要シ從テ其下附ヲ求ムル有ル可シ是ニ於テ本條第二項ヲ以テ囑託人ノ求メアルトキハ其拒絶ノ理由ヲ記載シテ之レヲ渡ス可シト規定シタルナリ

第九條　公證人ノ職務執行上ニ關シ不服アル者ハ管轄始審裁判所ニ抗告スルコトヲ得

本條ハ公証人ノ職務執行上ニ關シ不都合アリト認ムル處ノ不服者ニ其不服ヲ伸フヘキ手段ヲ與ヘタルノ法文ニメ或ハ人民ノ囑託ヲ受ケ理由ナクシテ証書ヲ作ルヲ拒ミタルカ或ハ其理由ノ不充分ナルカ或ハ証人立會人等ノ調査充分ナラサルカ或ハ証書記載上ニ不都合アル等ノ如キ塲合ニ於テ其不服ヲ伸フヘキ方法ナリ即チ此方法ハ管轄始審裁判所ニ抗告ナス可シト云フニアリ然ルニ此ノ抗告

ノ文字タル諸法令中未タ曾テ聞見セサル新字ニテ如何ナル性質ニシテ如何ナル方法ニ因リ以テ之レヲナスヘキモノナルカ分明ナラサルナリ訴訟法制定ノ日ニ至テハ定テ明瞭ナル可シト雖モ空シク訴訟法ノ制定ヲ俟ツ能ハサレハ必ス特別法ノ規定ヲ要スヘシ然レトモ今ニ於テ是レヲ知ルニ由ナシ只タ外國ノ法律ト參照ナシテ知リ得タル處ヲ以テ此ノ抗告ノ方法ヲ案スルニ其方法タル概ネ不服者ヨリ其不服ノ點ヲ擧ケ之レヲ記載シテ抗告狀トナシ直ニ該公証人ニ向テ之ヲ提出シ公証人ハ一應之ヲ調査シテ其不服ノ廉々至當ナリト認ムルトキハ直ニ其意ニ從ヒテ之レヲ改メ若又タ之レヲ不當ト認ムルトキハ直チニ之ヲ管轄始審裁判所ニ提出シテ其判定ヲ俟ツモノトス而シテ其判定ハ通常書面ヲ用ユレトモ時ト〆ハ喚問ヲナスヿアルヘシ是レ即チ外國ノ實跡ニシテ本邦ニ於テモ大凡此ノ如キ

方法ヲ規定セラルヽ可シト推察シタルニ止マリ其果シテ此ノ如クナルヘキヤ否ヤハ他日法律ノ制定ヲ見ルニアラサレハ固ヨリ之レヲ断言スル能ハサルナリ

第十條　公証人ハ公証人何某ト刻シタル方六分ノ役印ヲ作リ其印鑑ニ氏名ヲ手書シ之ヲ管轄始審裁判所及ヒ治安裁判所ニ差出スヘシ

前項ノ印鑑ヲ差出サヽル間ハ職務ヲ行フコトヲ許サス若シ之ヲ行ヒタルトキハ其書類ハ公正ノ効ヲ有セス

本條ハ公證人ノ職務上ニ正確ナル規定ヲナシ其紛雜錯綜ノ憂ヲ防キタルモノニテ其規定タル公証人ハ何レモ公証人何某ト彫刻シタル方六分ノ役印ヲ作ラサル可カラス且ツ其印鑑ニ氏名ヲ手書シ以テ是ヲ管轄始審裁判所及ヒ治安裁判所ニ差出ス可キヿトナセリ而シテ第二項ニ於テハ其印鑑ヲ差出サヽル間ニ作リタル証書ハ公正

ノ効ナキモノト爲セリ蓋シ此場合ニ於テモ亦タ私ノ証書タルノ効ハ先ナフモノニアラサルナリ借テ此印鑑ヲ裁判所ニ差出スハ何ノ爲メナルヤ監督ヲ受クルカ爲メナルヤ若シ監督ノ爲ナリトセハ治安裁判所ニ之ヲ差出ノ必要アラサル可シ憶フニ公正証書ニハ裁判所ヨリシテ執行命令書ヲ附スルコアルカ故此場合ニ於テ之レヲ照合スル爲メ印鑑ノ差出ヲ命シタルモノナル可シ故ニ治安始審ノ二裁判所共ニ之レヲ差出スノ必要アルナリ

第十一條　公証人已ムヲ得サル事故アリテ職務ヲ行フコト能ハサルトキハ近隣ノ公証人ニ代理ヲ囑シ管轄始審裁判所ニ其旨ヲ屆出可シ

本條ハ公証人不得止事故アリテ職務ヲ執行シ能ハサルノ場合ニシテ此場合ニ於テハ其近隣ノ公証人ニ代理ヲ托シ且ツ其旨ヲ管轄始

審裁判所ニ屆出ツ可シトナセリ元來公証人ハ場所ヲ以テ其職務ヲ制限セシモノナルカ故此ノ近隣ト云フハ即チ同一管轄内ニ在テ尤モ近接ナル公証人ヲ指シタルモノトス然トモ施行條例ニ依ルトキハ公証人ハ一受持區内ニ五名以下トナシ甚シキハ一名ヲモ置カサルヿアリ故ニ若シ一名ニシテ一區ヲ受持シトキニ在テ本條ノ場合ノ生シタルトキハ隣區ノ公証人ニ向テ之ヲ托セサル可ラス而〆一名モナキ區内ニ在テハ豫メ他區ノ者之ヲ兼務スルカ故此場合ニ於テモ亦タ一般ノ場合ト異ナルナキナリ

玆ニ云フ代理公証人ナルモノハ第三章第四節中ニ規定セル兼勤者トハ同シカラサルナリ其故如何トナレハ兼勤ノ場合ハ必ス裁判所ヨリ之レヲ命シ代理ノ場合ニ於テハ本人ヨリ之レヲ囑托ス可キモノナレハナリ然レトモ代理公証人ノ職務ヲ執ルニ付テハ別ニ其方法

ノ如何ヲ規定セサルナリ蓋シ兼務者ト同一ナル方法ヲ以之ヲ處理セシムヘキモノニシテ別ニ代理人ニ限リ特別ナル執務ノ方法ヲ設クルノ必要アラサルナリ

第十二條　公証人ハ筆生ヲ置キ書類ヲ作ル補助ヲ爲サシムヘキヲ得

公証人ハ事務ノ繁雜ナル場合ニ際シテハ固ヨリ一人ノ能ク處理シ得ヘキニアラサルカ故補助ノ力ヲ借ラサル可カラス即チ筆生ヲ置キ以テ其事務ヲ補助セシムルヿヲ許セリ然レモ公正証書ノ本書ハ公証人以外ノモノニ於テ之ヲ作リ得ヘキニアラサレハ假令法律ノ公認セル筆生ト雖モ之レヲ作リ得ヘカラサルヲ以通則トス尤モ實際ニ於テハ筆生之ヲ作ルモ公証人ニ於テ署名捺印セシ時ハ亦タ公証人ノ自カラ作リタルモノト全ク同一ニシテ而シテ公証人ハ筆生ノ作リタルヲ口實トシテ此証書ニ對スルノ責ヲ免ルヽ能ハサルナリ

第十三條　公証人ノ作ル証書及謄本ノ用紙ハ某始審裁判所管轄内公証人役場ト刻シタル罫紙ヲ用ユヘシ

本條ハ別ニ釋義ヲ要セス

第十四條　公証人ノ取扱フヘキ書類左ノ如シ

第一　原本　証書ノ本紙ニシテ公証人ノ保存スルモノ

第二　正本　原本ノ全文ヲ記シタルモノニシテ本文義務ノ執行ヲ裁判所ニ願出可キ旨ヲ其末尾ニ記載シタルモノ

第三　抄録正本　原本ノ一部分ヲ記シ其ノ末尾ニ前項ト同一ノ記載アルモノ

第四　正式謄本　原本ノ全文ヲ寫シタルモノニシテ原本ニ代ヘ得可キモノ

第五　抄録正式謄本　原本ノ一部分ヲ抄寫シタルモノニシテ原本

ニ代ヘ得ヘキモノ

第六　謄本　原本ノ全文ヲ寫シタルモノ

第七　抄錄謄本　原本ノ一部分ヲ抄寫シタルモノ

第八　見出帳　日日授受シタル書類ノ番号種類等ヲ順次ニ記入スルモノ

本條ハ公証人ノ取扱フ可キ書類ノ種目ヲ示定シタルモノニシテ各種類別ヲナセリト雖モ其各書類ノ性質如何又タ之レヲ作ルノ方法如何及ヒ其効力ハ如何等ノ問題ニ付テハ第三章ニ讓リ證書部ニ於テ之ヲ詳説シ本條ニ於テハ只其大要ヲ説述シテ止マン

原本　原本トハ證書ノ本紙ニシテ公證人ノ手裏ニ保存シ置ク可キモノトス是以下ノ諸証書類ニ至テハ囑託人ニ渡スヘキカ故或ハ紛失錯綜ノ憂ナシトセス然ルトキハ何ヲ以テ公正証書ノ効力ヲ確固ニ

シ得可ケンヤ故ニ原本ナルモノヲ作ラシメ之レヲ以テ眞個公正ノ証書ト定メタルナリ故ニ此公正証書ハ最モ確實ニ保護セラレ次條ニ於テ規定シタル如ク之レヲ役塲外ニ出ス可カラサルモノトナセリ

正本　正本ハ原本ニ就テ其全文ヲ謄寫シタルモノニメ且ツ其末尾ニ本文中ノ義務執行ヲ裁判所ニ願出ツ可キ旨ヲ記載セシタルモノナリ故ニ此ノ正本ヲ作リタル塲合ニ於テハ後日仮令義務ノ延滯其他履行上ニ付キ紛議ヲ生スルモ權利者ハ特ニ裁判所ニ訴ヘ出テ裁判ヲ受クルノ煩ナク只單ニ此正本ニ依リ裁判所ノ執行命令書ヲ求メ以テ其執行ヲ爲サシムルヿヲ得ヘキモノトス故ニ此正本ハ獨リ後日ノ安全ヲ保ツノミニ止マラス叉簡便ニシテ毫モ煩雜ノ憂アラサルモノトス

抄錄正本　此抄錄正本ハ其効力其調整凡テ前段ノ正本ト大ニ異ナ

ルナシ只正本ニ在テハ原本ノ全文ヲ寫シ出シ抄錄正本ニ在テハ該証書ノ一部分ヲ抄寫シタル差アルノミ而シテ其一部分トハ例ハ利益ヲ異ニスル數人ノ權利者一箇ノ証書ヲ作リタル片其証書中ノ一二件ヲ抄出シテ以テ作リタル一種ノ正本ナリトス即チ一部分ヲ抄出シテ作リタルヲ以テ之レヲ名ケテ抄錄正本ト云フナリ

正式騰本及ヒ略式騰本　騰本ニ二種アリ其一種ハ之ヲ正式騰本ト云ヒ其二ハ之ヲ略式騰本ト稱スルナリ此第二ノモノハ法文ニ單ニ騰本トアリ而ソ此第一ナル正式騰本ハ一本ヨリ外ハ漫リニ之レヲ作ルヿヲ得サルモノトシ且ツ是レヲ作ルニ付テハ頗ル鄭重ノ方式ヲ命セリ故ニ時トシテ原本ノ燒亡其他紛失等ノ塲合ニ在テハ之ヲ以テ原本ニ代ユルヿヲ得ルナリ然レ𪜈此証書ハ其執行力ヲ有セサル素ヨリ論ヲ待タサルナリ而シテ証書上ニ關シ若シ爭論起リタル

ヿアリテ原本ヲ調査センヿヲ求ムルモノアレハ之レヲ拒ムヿヲ得サルモノトス蓋シ此証書ハ只タ裁判官ノ心証ヲ作ルニ於テノミ充分ナル効力ヲ有スルナリ然リ而シテ其第二類ノ單純ニ謄本ト云ヘル略式謄本ニ至ッテハ只タ關係人ノ便宜ノ爲ニ之ヲ作ルモノニ〆亦タ証據ノ爲裁判所ニ提出スルヿヲ得ヘキモノトス然レ圧是レヲ前段ノ正式謄本ニ比スレハ其証據力モ稍々薄弱ナルモノニ〆裁判官ノ心証ヲ作ルニ於テ太タ其効力乏キモノナリ且ツ原本ノ亡失スルヿアルモ決テ之レヲ以テ彼レニ代ユルヿヲ得サルモノナリ故ニ略式謄本ハ正式謄本ニ比シテ一層効力乏シキ謄本ト云ハサル可カラス

抄錄正式謄本及ヒ抄錄略式謄本　此二種ノ謄本ハ又原本ノ一部分ヲ抄寫セシ謄本ニ〆其抄錄セラレタル部分ニアリテハ正式謄本若

クハ略式謄本ト同一ナル効力ヲ有スルモノトス而ソ之ヲ抄錄スルノ塲合ハ抄錄正本ト同一ニソ更ニ説明ヲ要セサルナリ又其兩証書ノ間ノ關係ハ前段ノ正式謄本ト略式謄本トノ關係ニ毫モ異ナラサルナリ

見出帳　見出帳トハ授受シタル書類ノ種類番号ヲ記入シ置クヘキモノニシテ囑託者ノ氏名住所ヨリ書類取扱ノ年月日等ヲモ細記シ俗ニ所謂手扣トモ稱ス可ク只タ書類調査ノ便ニ供シ且ツ証書調製ノ順序ヲ變更スル如キ憂ヲ防クニ在ルモノナリ

第十五條　原本其他書類ノ本書ハ役塲ニ之ヲ保存シ他ノ官吏ノ公訴ヲ受クル爲メノ外裁判所ノ命令ニ依ルニ非サレハ役塲外ニ出スコトヲ得ス

本條ニ於テハ公証人ノ取扱フヘキ書類太タ緊要ナル故ヲ以可成紛

雜ノ憂ナカラシメンカ爲メ嚴密ニ規定シタルモノニシテ裁判所ノ命令アルカ又ハ他ノ官吏ノ公証ヲ受クヘキ爲メノ外ハ決シテ其書類ヲ役場外ニ出ス可カラストナセリ故ニ此ノ二個ノ場合ニ限リテハ本書ヲ役場外ニ出スヿヲ得ルナリ偖テ其裁判所ノ命令トハ或ハ公証人其職務ノ監督上ヨリ書類ノ提出ヲ命ス可キヿモアリ或ハ又タ訴訟ノ引合トメ之レヲ出サシムルヿアル可シ然リ而メ他官吏ノ公証ヲ受クヘキ爲云云トアル此官吏トハ如何ナル者ヲ指スモノナルヤ蓋シ郡區戸長ノヿナルヘシ何トナレハ當時人民ニ向テ公証ヲ與ヘ居ル官吏ハ郡區戸長ノ外他ニ之レアラサレハナリ然レトモ此ノ郡區戸長ナルモノモ己ニ登記法ノ制定アリ且ツ其實施モ近キニアレハ將來公証ノ事務ヲ取扱フ可キモノニアラサルナリ而メ公証ノ事務ニ任スルハ特リ公証人アルノミ然ラハ本條ノ他ノ官吏ノ公証

ヲ受クル爲云云ノ文字ハ或ハ衍文ナルナカラン乎事實ニ於テ此文字ヲ要セサルナリ惟フニ本條ハ只タ登記法實施ノ日ニ至ルノ間郡區戸長ノ公証事務取扱ノ場合ヲ慮リタルモノト考フルナリ

第十六條　裁判所ノ命令ニ依ル外關係外ノ者ニ書類ノ謄本ヲ渡スヘカラス

公証人ノ取扱フ可キ書類ハ尤モ貴重ナル人民ノ權利義務ニ關スルモノナレハ固ヨリ等閑ニ附ス可キモノニ非サル也故ニ本條ニ於テハ仮令ヒ謄本タリトモ裁判所ノ命令ニ因ルニ非サレハ無關係者ニ向テ之レヲ渡スヿヲ得サルモノト爲セリ是レ其ノ或ハ危險ヲ生ス可キ恐レアルヲ以テナリ

本條ノ關係人ト云ヘル語ハ其包容スル所頗ル廣キモノニシテ契約者双方ハ勿論其相續人權利繼承人及ヒ立會人證人等ヲ合稱セルモノ

トス蓋シ此人々ハ或ハ證書其物ニ就テ關係ヲ有シ或ハ證書調製上ニ就テ關係シタルモノナルカ故ナリ而シテ茲ニハ契約者ノ通常權利者タルモノモ亦タ之ヲ關係人ト稱シ得ヘキヤ否ヤノ疑問アリ然レ𪜈通常權利者ニ至テハ之レヲ稱シテ關係人ト云フ能ハサルナリ若シ之レヲモ關係人ト稱スルトキハ殆ント其際限ナキヲ知ル可シ是レヲ要スルニ本條ノ關係人トハ總テ該證書ニ附キ直接ナル關係ヲ有スルモノヲ云フナリ此關係人ニ在テハ其求メニ應シ書類ノ謄本ヲ渡スヲ得ルモノトス然レ𪜈時ニアリテハ關係人外ノモノニシテ該證書ニ附キ多少之レヲ調査スルノ必要ヲ生スル場合ナキニ非ルナリ然レ𪜈斯ル場合ニ於テハ先ツ裁判所ニ向ヒ其事由ヲ出願シテ命令ヲ乞ヒ然ル後其謄本ヲ求得ヘキモノトナセリ左レ𪜈裁判所ノ命令ニ依リテ此レヲ渡シタルトキハ第五十四條ニ從ヒ其旨ヲ原本ニ記

載シ置カサル可カラサルナリ

第十七條　公證人ハ其取扱ヒタル公證事件ヲ漏洩スヘカラス

元來人情ハ其内事ヲ披露シテ人ニ知ラスルヿヲ好マス殊ニ種々不得已取引契約等其他親屬中内密ノ關係ニ至ツテハ尤モ其秘密ナラソヿヲ欲スルモノナリ故ニ公證人ヲシテ一般ノ信任ヲ厚フセシメ此ノ如キ感覺ノ爲メ人民ノ至重ナル證跡ヲ消亡スルカ如キ憂ヲ避ケソ爲メ其職務上取扱ヒタル公證事件ハ決シテ之レヲ他ニ漏洩ス可ラスト規定セリ故ニ公證人ニ於テ若シ是レヲ漏洩スルトキハ囑託人ニ於テ其迷惑ヲ被ムルヿ僅少ナラサルカ故從テ其罰モ亦タ大ナラサルヘカラス是レ特ニ第七十六條ノ設ケアル所以ナリ

第二章　公證人ノ選任及ヒ試驗

本章ハ公證人ノ選任及ヒ試驗ト題シ公證人ヲ任スルノ方法及ヒ其

試驗ノ方法如何ヲ規定シタルモノニソ實ニ必要ナル法則ナリト雖モ特ニ釋義ヲ要スヘキモノ非サルカ故只タ其要領ヲ略述セン

第十八條　公証人タル可キモノハ左ノ件々ヲ具備スルヲ要ス

第一　滿二十五才以上ナル事

第二　身元保証人ヲ管轄始審裁判所ニ差入ルヽ

第三　定式試驗ノ及第証書ヲ有スルヿ但裁判官檢察官タリシ者及法學士法科大學卒業生代言人ハ此ノ條件ヲ要セス

第四　丁年者二名以上ニテ其ノ品行ヲ保証スル証書ヲ有スル事

本條ハ公証人タルニ付キ必ス具備セサル可カラサル要件ヲ指示シタルモノニシテ之レヲ分テ四條件トナセリ故ニ此四條件中一ヲ欠クモ決シテ公證人タルヿヲ得サルナリ

第一滿二十五歲以上タル事　公證人ナルモノハ人民ノ權利義務ニ

關係スル證書ノ取扱ヲナス故一般ノ人民ヲシテ大ニ信用ヲ置カシメサル可カラス故ニ一般ノ丁年ハ二十年ナリト雖モ公證人ニ於テハ特ニ其年齢ヲ滿二十五年以上トシ以テ其制限ヲナセリ

第二身元保證金ヲ差入ル事　身元保證金ヲ差入ル所以ハ一ニハ公證人罰則ニ處セラレタル場合ニ於テ若シ其罰金ヲ納メサルトキ保證金中ヨリ減去シテ之レヲ支辨スルノ便宜ヲ得一ニハ公證人其職務取扱上ヨリ人民ニ損害ヲ被ラシメタル場合ニ於テ第七十九條ハ其賠償ヲ命シタルカ故補償ノ目的ヲ以テ此保證金ヲ預納セシメ以テ人民ヲ危險ノ地ニ陷ルカ如キ憂ヲ防キ以テ公證人ノ信用ヲ厚フセシムルニ在ルナリ然リ而シテ公證人ヨリ追徴ス可キ罰金ト人民ヘ支拂フ可キ損害賠償金ト二個相會フトキハ何レヲ先キニス可キヤ此場合ニ於テハ政府ハ無論先取ノ持權ヲ有スルモノトス而シテ其罰

金ノ支拂ノ原因ハ素ヨリ其如何ヲ問ハサルナリ

第三定式試驗ノ及第證書ヲ有スルコ　公證人ノ取扱フヘキ職務ハ專ラ司法部內ノ管理ニ關シ且ツ人民間ニ權利義務ノ關鎖ヲ生スヘキ證書ヲ作ルノ任アルモノナルカ故必スヤ其證書ノ性質、原因等ヲ詳カニシ果シテ法律上正當ノモノナリヤ否ヤヲ判別スルノ學識ヲ具ヘサル可カラス若シ然ラサレハ往々違法ノ證書ヲ作爲シ却テ其煩雜ヲ來スカ如キノ恐レナシトセス是ヲ以テ本章中學力試驗ヲ施スヘキコトシ其科目ヲ豫定セリ故ニ公證人タラント欲スルモノハ必ス學力及第證書ヲ有スルヲ以本則トス然ドモ裁判官檢察官タリシモノ及ヒ法學士法科大學卒業生及ヒ代言人ノ如キハ等ク是レ學力試驗ニヨリ其資格ノ定リシモノニシテ已ニ本則ニ定メタル試驗科目ヲ充タスニ餘リアルモノト做サレタルカ故是等ノ人々ハ別ニ此ノ

及第證書ヲ有スルヲ要セストナセリ
第四丁年者二名以上ノ品行保證書ヲ有スル事　此ノ要件モ亦タ公證人ヲシテ可成清廉潔白ノ人ヲ撰マント欲スル精神ヨリ出タル規定ナリ

第十九條　保證金ノ額ハ土地ノ狀況ニ從ヒ貳百圓以上五百圓以下ニ於テ豫メ司法大臣之ヲ定ム

本條ハ保證金ノ額ヲ指定シタルモノニシテ二百圓以上五百圓以下トナストノ大數ヲ示シ其間ニ於テ司法大臣之レヲ定ムヘキコトトナセリ蓋シ保證金ニ附テハ施行條例第十八條ヲ以テ其金額ノ區別ヲ立テ東京大坂兩府ニ於テハ概シテ五百圓トナシ其他ノ地方ハ人口ヲ以テ比例シ其人口ニ應シテ金額ノ多寡ヲ定ムルコト規定セリ

第二十條　左ニ揭クルモノハ公證人タルコトヲ得ス

第一　公權剝奪若クハ停止中ノ者

第二　盜罪詐欺罪賄賂收受ノ罪及贓物ニ關スル罪ヲ犯シ刑ヲ受ケタル者

第三　身代限ノ處分ヲ受ケ負債ノ辨償ヲ終ヘサル者

第四　官吏懲戒令ニ依リ免職セラレタル者

本條ハ公證人ノ任ニ堪ヘサルモノヲ示シ本條ニ掲ケタルモノニテ四件中其一ニ觸ルヽモノハ公證人ニ任セラルヽコヲ得サルモノナリ第一、公權剝奪若クハ停止中ノ者ノ如キハ社會公共ノ事ニ關メハ自己一身ノ事柄モ尙ホ其權利ヲ施行スル能ハサルモノナルカ故固ヨリ公證人ノ如キ最モ信用ノ至重ナル事務ヲ取扱フ可キ職員ニ任スヘカラサルハ論ヲ待タサルナリ然レモ大赦ヲ得タル片ハ其能力ヲ回復スルヲ得可ク又公權停止ノ如キハ其期限ノ滿ツルニ及ンテ

ハ亦タ其權利ヲ復スルカ故ニ公證人タルニ差支ヘ非サルナリ

第二　盜罪ハ刑法ニ於テ其盜罪タヘキモノヲ明示セサルカ故今之レヲ詳言スルニ由シナシト雖トモ惟フニ強竊盜監守盜ヲ初メ受寄財物費用罪等皆此中ニ包合セルモノナル可シ又タ詐僞罪ト云ヘルモノノ如何ナルモノナルヤ太タ明瞭ナラサレトモ詐トハ詐欺的ノヿニシテ僞トハ僞造的ノモノナル可シ故ニ詐欺取財ノ罪冒認罪證書印影僞造罪等ヲ總稱スルモノナランカ又賄賂收受及ヒ贓物ニ關スル罪ト云ヘルハ刑法ニ規定スルモノニシテ一言ニ是レヲ約說スレハ卑劣罪トモ稱スヘキ所行ヲ意味シタルモノナル可シ夫レ此ノ如キ罪科ヲ犯シタルモノハ共ニ伍スルモ倘ホ耻ツヘキモノナル故固ヨリ公證事務ノ如キ重任ヲ托スルハ頗ル危險ノ恐レアルヲ以テ公證人タルヲ得ストナセリ然レトモ亦タ是レ大赦ヲ得タルトキハ全ク其罪ノ

アラサリシ者ト見做スカ故大赦ノ後ハ公證人タルヿヲ得ルナリ
第三　身代限リノ處分ヲ受ケ未タ其償却ヲ終ラサルモノハ亦タ是レ一般ニ危險ノ思ヒヲナサシメ且ツ信用乏シキカ故苟モ其償却ヲ終ラサル間ハ公證人タル能力ヲ有セサルモノトナセリ
第四　官吏懲戒令ニヨリテ免職サレシモノモ亦官吏タルノ品格ヲ保チ得サルアリテ事茲ニ出シモノナルガ故公證人ノ重任ニ堪ユヘキ信用アラサルモノトス故ニ是レ亦タ公證人タルノ能力ヲ有セサルモノトナセリ
斯ク見來ルトキハ第三項迄ノ規定ニ抵觸シタルカ爲メ公證人タルノ能力ヲ有セサル如キハ或ハ義務ノ償却ニ因リ或ハ大赦ノ特典ニヨリ或ハ期限ノ經過ニヨリ夫々能力ヲ回復スヘキ路アルニ由リ是レヲ回復シタル以上ハ公證人トナルヿヲ得ヘシト雖モ特リ第四ナル

官吏ノ懲戒令ニヨリ免職セラレタルモノニ至テハ之レヲ回復ス可キ方法アラサルナリ之レヲ他ノ三者ニ比スレハ其事柄尤モ輕クシテ而シテ其結果ハ反テ重シ彼是相比較スルトキハ實ニ其權衡ヲ失ヘルノ甚シキヲ感セサル可カラス然レトモ實際ニ於テハ懲戒令ノ爲メ其職務ヲ免セラルヽ如キハ多ク其例ヲ見サルカ故其不權衡ヲ實際ニ感スルハ太タ稀レナル可シ

第二十一條　公證人ヲ試驗スル場所及ヒ期日ハ司法大臣之ヲ定メ少クトモ二ケ月前ニ告示スヘシ

第二十二條　試驗委員ハ控訴院若クハ始審裁判所ノ裁判官二名檢察官一名トシ司法大臣臨時之ヲ命ス

右二條ハ法文明瞭ナルヲ以テ說明ヲ要セス

第二十三條　試驗ノ科目ハ公證人規則、民法、訴訟法、商法其他公證人ノ

職務ニ關スル法律命令トス

本條ニ定メタルハ試驗科目ノ事ニシテ公證人規則及ヒ是レニ關スル法律命令等ハ總テ本邦ニ於テ已ニ發布セラレタルモノナルヲ以テ異議ナシト雖モ民法商法訴訟法等ニ至テハ未タ一モ制定ナシ故ニ之レヲ以テ試驗ヲ行ハントスルモ實際ナシ得ヘカラサルナリ故ニ此諸法典ヲ制定セラレタル後ニ在テハ固ヨリ之ヲ以テ試驗セラルヘキモ今日ニ在テハ彼ノ判事登用試驗ニ於テ用ユルカ如キ民法草按性法或ハ英佛等ノ法典ニヨリテ此試驗ヲ行ハルヽヿナルヘシト信スルナリ

第二十四條　公證人タラント欲スル者ハ願書ニ試驗及第証書ノ寫ヲ添ヘ管轄始審裁判所若クハ控訴院ヲ經テ司法大臣ニ差出ス可シ但裁判官檢察官タリシ者ハ其官記法學士ハ其學位記法科大學卒業生

ハ其卒業證書代言人ハ其免許狀ヲ以テ及第證書ニ代フルヿヲ得

第二十五條　公證人ハ司法大臣之ヲ任ス

第二十六條　試驗ノ方法ハ筆記口述ノ二種トス筆記試驗ニ合格セサルモノハ口述試驗ヲ受クルヿヲ得ス

第二十七條　試驗及第者ニハ及第證書ヲ授與ス

右諸條ハ法文ヲ一讀シテ其意義明瞭ナルカ故今此ニ之ヲ贅セス

第三章　證書

本章ハ公證人ノ取扱フヘキ書類全般ニ關スル規定ヲ掲ケタルモノニシテ實ニ本則中ノ骨子トモ稱スヘキ肝要ノ法文ニシテ頗ル釋義ヲ要スルモノ僅少ナラサルナリ

第一節　證書ノ原本

第二十八條　公證人證書ヲ作ルニハ其ノ囑託人ノ氏名ヲ知リ面識ア

ルヲ必要トシ且丁年者一名ノ立會人ヲ要ス之ニ違ヒタルトキハ其證書ハ公正ノ効ヲ有セス

公證人囑託人ノ氏名ヲ知ラス面識ナキトキハ其本籍或ハ寄留地ノ郡區長若クハ戸長ノ証明書又ハ公證人ノ氏名ヲ知リ面識アル丁年者二人以上ヲ以テ其人ヲ證セシム可シ之ニ違ヒタルトキハ其證書ハ公正ノ効ヲ有セス

本條ハ公正證書ヲ作ルニ必要ナル條件ヲ規定シタルモノニシテ苟モ此條件ニ違フトキハ公正證書タルノ効力アラサルナリ其第一要件ハ公證人ニ於テ囑託人ノ氏名ヲ知リ且ツ面識アルヿ是レナリ故ニ只タ其氏名ヲ知ルノミナルカ或ハ只タ其面識アルノミニテハ不可ナリ必ス面識アリ且ツ氏名ヲ知ラサル可ラス然レトモ人民ニ〆悉ク公證人ノ爲メ面識アリ且ツ氏名ヲ知ラルヽカ如キハ期スル能ハサ

ルヲ以テ必スシモ之レヲ實地ニ施サントスル片ハ多少ノ困難ヲ來タスヿナル可シ故ニ此塲合ニ於テハ郡區戸長ノ證明書ヲ以テスルカ又タハ公證人ノ氏名ヲ知リ面識アル丁年者二名以上ノ證人ヲ以テ其人ヲ證シタル上亦タ其證書ヲ作ルヿヲ求メ得ルヿトナセリ然レ圧郡區戸長ニ於テモ亦タ其人タルヤヲ確知シ得サルアルカ故其果シテ人違ナキヿヲ信認セサル以上ハ證明書ヲ與フルヿヲ拒ミ得ヘシ固ヨリ故意ニ證明書ヲ與フルヲ拒ムモノヽ如キハ行政裁判ヲ求メ得可キモ郡區戸長ニ於テモ充分信ヲ置クニ足ルヘキ方法ハ此レヲ囑托人ニ向テ求ムルヿヲ得ヘキナリ

夫此ノ如ク嚴密ナル方法ヲ以囑托人ニ命シタルカ故實際ニ於テハ隨分困難ヲ來スヿアル可シ然レ圧此氏名ヲ知リ面識アルト云ハ幾許日以前ヨリ之レヲ知ルトノ制限ナキカ故前日名刺ヲ通シ其翌日之

ヲ囑托スルモ可ナリ午前ニ來リ午後ニ托スルモ亦タ可ナルヘク甚タシキハ一應來リ直シテ門ニ至リ直チニ再ヒ來ルモ亦可ナル可シ此ノ如クニシテ若シ之ヲ可ナリト云ハヽ或ハ詐計奸策ヲ利用スル者モ此アランカトノ恐レアレ𪜈若シ之レヲ憂フルトキハ假令一月前一年前ヨリ氏名ヲ知リ面識アリト云フモ尙其詐計奸策ヲ行ナヒ得可キカ故到底之ヲ實行シ難キニ至ラン然レ𪜈實際ニ於テハ想像ノ如ク決シテ此窮屈ヲ感スルヿノ憂アラサル可シ

其第二ノ要件ハ丁年者一名ノ立會人アルヿニシテ元來此ノ立會人ナルモノハ公正證書ヲ作ルニ立會局外ノ身ヲ以テ偏頗ノ所行ナカラシメン爲メ此レヲ命シタルモノニテ證書ヲ作ルニ付キ其監視ヲナサシメタルモノナリ而シテ此立會人ニ至テハ囑托人ノ如ク別段ニ面識アリ氏名ヲ知ルトノ規定ナキカ故之レヲ要セサルナリ何トナレ

ハ制限ニ係ル規則ハ之ヲ一般ニ適用ス可ラサレハナリ

第二十九條　左ニ掲クルモノハ立會人タルヿヲ得ス

第一　公證人及囑託人ノ親屬雇人又ハ公證人ノ筆生

第二　第二十條ニ掲ケタルモノ

本條ハ立會人ノ能力ヲ定メタルモノニシテ此二種ノモノハ立會人タルヿヲ得ス其他ハ何人ト雖モ立會人タルヿヲ得可シ即チ其第一種ハ公證人囑託人ノ親屬雇人及ヒ公證人ノ筆生等ニシテ是レ等ノ人々ハ局外ノ地位ニ立テ偏頗心ヲ脱シ能ク公正證書ヲ作ラシムル則チ監視ノ任ニ不充分ナルモノト看做サレタルナリ而シテ此親屬トハ彼ノ刑法ニ規定シタル親屬例ニ依ルヘキニアラサルナリ彼ノ親屬例ナルモノハ只刑法上ニ限リタル規定ニシテ之ヲ本則ニ適用ス可カラス蓋シ非常ノ遠親ニ至テハ固ヨリ呉越モ啻ナラサル如キモノ

アル可シト雖モ法律ハ敢テ斯ルモノマテモ制限セント欲スルノ精神ニハ非サルナリ只慣例ニ依リテ親屬ト見做サレ來リシモノコソ玆ニ云フ親屬ニシテ別ニ布令布告等ノ定メモアラサルナリ

右ノ如ク立會人ニ付テハ能力上ノ制限ヲ法律ニ定メタルモ證人ニ至リテハ是レヲ問ハサルナリ故ニ本條ノ各項ニ觸ル丶モノト雖モ證人タルニ至テハ尙ホ其能力ヲ有スル可シ然ラハ則治罪法第百八十二條ノ各項ニ規定シタル無能力者ヲ除ク外何人ト雖モ證人タル能力ハ之レヲ有ズヘキナリ

第三十條　證書ニハ其ノ本旨ノ外左ノ件々ヲ記載ス可シ

第一　囑託人及立會人ノ族籍住所職業氏名年齡

第二　囑託人代理人ナルトキハ委任狀ヲ所持シタルコト及其本人ノ族籍住所職業氏名年齡

第三　囑託人後見人ナルトキハ後見人タルノ證書ヲ所持シタルコト及ヒ其本人ノ族籍住所職業氏名年齡

第四　郡區長戸長ノ證明書ヲ以テ證シタルトキハ其旨又證人ヲ要シタルトキハ其ノ族籍住所職業氏名年齡

第五　證書ヲ作リシ場所及ヒ其ノ年月日若シ場所ヲ記セス又ハ年月日ノ記入ヲ遺脱シタルトキハ其ノ證書ハ公正ノ効ヲ有セス

本條ニ定メタル各項ノ記載ハ證劵ノ正確ヲ保チ其紛雜ヲ防クニ必要ナルモノナルカ故必ス之レヲ記載セサル可カラス

第一　此ノ如ク精細ナル記載ヲ命シタル所以ハ此證書ヲ作ルニ當リ囑託人及ヒ立會人ハ能力ヲ有スルモノナリヤ否ヤ等ヲ明瞭ニシ且ツ異人同名等不都合ヲ生スル如キ憂ヲ防ク爲メナリ

第二　他人ノ代理ヲ受ケテ證書ヲ作ルノ囑托ヲナス場合ニ於テハ

必ス先ツ其委任狀ヲ示サヽル可カラス苟モ委任狀ナキ時ハ決テ之ヲ作ルコヲ得ス故ニ今囑托人ヲシテ委任狀ヲ以テ他人ノ證書ヲ作リタル時ニ於テハ必ス其委任狀ヲ携ヘタル旨ヲ證書中ニ記載シ且ツ其本人ノ族籍住所職業氏名年齡ヲ記載セサル可カラサルナリ

第三　後見人ニ於テ被後見人ノ爲メ證書ヲ作ラントスル時ハ前項代理人ト同シク必ス後見人タルノ證ヲ示サヽル可ラ然ラサレハ證書ヲ作ルヲ得ス故ニ其後見人タルノ證ヲ示シテ證書ヲ作リタル時ハ亦タ其旨ヲ記載シ且本人ノ族籍住所職業氏名年齡ヲ記載スルヿ前項ト異ナルナシ

第四　公證人ニ於テ囑托人ヲ識ラス爲メニ郡區戸長ノ證明書ヲ要シタル時ハ其旨ヲ記載シ又タ證人ヲ以證書ヲ作リタル時ハ其證人ノ族籍住所氏名年齡等ヲモ記載セサル可カラス蓋シ證明書ノ塲合ニ

有ツテハ單ニ人違ナキノ證左タルニ過キサルモ證人ノ場合ニ至ツテハ當時證人タルヘキ能力ヲ有シタルヤ否ヤヲ明瞭ナラシメサル可カラザルカ故ニ證人ヲ要スル場合ハ殊ニ精密ニ記載スルヲ要スルナリ

第五　本項ハ證書ヲ作リシ場所ト年月日トヲ記載ス可シトノコトニテ且ツ本項ニ限リ場所若クハ年月日ヲ遺脱シタルトキハ公正ノ効ナキモノトナセリ蓋シ本項ノ場合ニ於テハ只タ公正ノ効ナキノミ其私ノ證書タルニハ充分効ヲ有スルモノトス前數項ニ於テハ遺脱ノコトヲ論セスシテ獨リ第五項ニ至リ之レヲ明示シタルカ故其囑托人ノ氏名等ヲ脱スルアルモ有効ナルカ如シト雖𪜈決テ然ラス此場合ニ於テモ亦タ公正ノ効ナキハ勿論尙ホ且ツ私證書ノ効モアラサルナリ然レ𪜈只タ其些細ナル文字ニ至テハ是レヲ遺脱スルモ敢テ其

效力ナキニアラサルナリ而シテ公證人ノ受持ハ元來土地ヲ以テ制限ヲ立テタルモノナルカ故其受持區外ノ處ニ於テ作リタル證書ノ如キハ公正ノ效ヲ有セス是ノ故ニ證書ニハ必ス此作リシ場所ヲ記スヘシトナセリ又年月日ノ如キハ證書中尤モ關係ノ大ナルモノニシテ之レヲ脱スル片ハ爲メニ其害ヲ蒙ルヿ實ニ僅少ナラサル也故ニ亦タ必ス之ヲ記セサル可カルス若是レヲ遺脱シタル片ハ公正ノ效ナキモノトシ尙ホ第七拾五條ヲ以其制裁ヲ定メタリ而シテ其四項迄ノヿハ第七十三條ニ於テ其制裁ヲ定メタリ然レ圧該項中ニ於テモ囑托人ノ氏名ヲ遺脱シタル如キ其害タル啻ニ年月日場所等ヲ脱シタルノ比ニアラサルナリ其彼是レ相比較シテ之レヲ見ル片ハ刑ノ輕重或ハ幾分ノ權衡ヲ失スルナカラン歟試ニ之ヲ玆ニ附記ス

第三十一條　證書ヲ作ニハ普通平易ノ語ヲ用ヒ字畫明瞭ナルヲ要ス

接續スヘキ字行ニ空地アルトキハ黑線ヲ以テ之ヲ接續スヘシ
數量幷ニ年月日ヲ記スルニハ壹貳參肆伍陸漆捌玖拾陌阡萬ノ字ヲ
用フ可シ
已ニ見來ル如ク公正證書ハ實ニ至大至重ナル證據物ニシテ尤モ明瞭ナ
ルヿヲ要スルカ故字句ノ如キモ成ル可ク分リ安クシテ普通平易ノ語ヲ
用ヒ字畫鮮明何人ニテモ了解シ易カラシメンヿヲ要スルナリ然ラサ
レハ文字言詞ノ暗昧ナルヨリ却テ證書其物ノ上ニ就テ爭論ヲ起スノ
恐レナキニ非サレハナリ而シテ字句行數ノ接續スヘキ處ニ空白ヲ
生スルアル時ハ黑線ヲ引イテ以テ其間ヲ接續セシメサル可カラス
是レ其空白中ニ他ノ文字ヲ記入スルヿヲ防クモノニシテ極メテ鄭
重ヲ加フルノ精神ニ外ナラナルナリ尤モ純粹ナル余白即チ年月日
又ハ氏名ヲ記セシ次行ノ空行ノ如キニ至テハ墨線ヲ以テ之レヲ塡

塞スルモ亦タ依然存シ置クモ敢テ妨ケナシトス且ツ其數字ヲ用ウル場合ニ於テハ普通ノ數字ヲ用ウル片ハ簡單ナル爲メ或ハ變更等ノ恐レナキニアラサルカ故殊ニ字畫ノ多クシテ動カシ難キ壹貳參肆等ノ數字ヲ以テ記スヘキモノトセリ是レ亦其錯雜ヲ防クノ一手段ナリ

第三十二條　度量衡貨幣ノ數量、名稱及曆法ハ法律ノ定ムル所ニ從ヒ之ヲ記ス可シ

既ニ廢シタル度量衡貨幣、曆法又ハ外國ノ度量衡貨幣、曆法ヲ記セサルヲ得サル場合ニ於テハ之ヲ用ユルコトヲ得

證書中ニ記載スヘキ度量衡ノ數量並ヒニ曆法等ハ實際行ハルヽ法律規定ニ從ハサルヘカラス然レモ時アリテハ已ニ廢セラレタルモノ若クハ外國ノモノヲモ採錄セサル可カラサルノ必要アル場合ナキニ非ラサルヲ以テ斯ル場合ニ際シテハ固ヨリ之ヲ記シ得ルモノト

ナセリ

第三十三條　證書ニ追加改正ヲ爲ストキハ其文字並ニ何行ニ追加改正ヲ爲シタルヿヲ欄外又ハ末尾ノ餘白ニ附記シ公證人幷ニ關係人捺印スヘシ又文中消字ヲ爲ストキハ其原字ノ尙ホ明カニ讀得可キコトヲ要ス且ツ何行ニ若干字ヲ消シタルコトヲ欄外又ハ末尾ノ餘白ニ附記シ公證人幷ニ關係人捺印スヘシ之ニ違ヒタルトキハ追加、改正、消字ノ効ヲ有セス

本條ハ證書中ニ追加改正又ハ消字ヲナシタルニ付紛義ノ後日ニ起ランヿヲ豫防シ以テ此ク精細ニ其處置ヲ命シタル者ナリ若シ本條ノ規定ニ背キ其手數ヲ行ハサリシトキハ追加改正ノ點及ヒ消字ノ點ノミ全ク其効ヲ有セサルモノトナセリ故ニ此場合ニ於テモ其證書全体ノ無効ナルニハアラサルナリ

第三十四條　證書ヲ作リタルトキハ關係人ニ讀聞セ其旨ヲ記入シ然ル後ニ公證人並ニ關係人各自署名捺印シ公證人ハ某治安裁判所管內某地住居ト肩書スヘシ

公證人並ニ關係人ノ署名捺印ナキトキハ其ノ證書ハ公正ノ効ヲ有セス若シ署名スル能ハサル者アルトキハ明治十年第五十号ノ布告ニ從フヘシ之ニ違ヒタルトキハ其ノ證書ハ公正ノ効ヲ有セス

本條ノ關係人トハ第十六條ニ於テ說述シタル如キ廣貌ナルモノニアラスシテ只タ此書ヲ作ルニ付キ關係セルモノヲ稱スルナリ而メ其讀ミ聞カセヲナスハ署名捺印ヲ命スルノ上ニ於テ尤モ必要ナル事件ナリトス何トナレハ關係人ニ於テ證書記載ノ旨意ヲ確知セサルノ恐レアレハナリ又公證人ハ果シテ受持區內タルニ相違ナキコヲ確カムルノ爲メ其住地ト某治安裁判所ノ管內ナル旨ヲ記シ置

カザル可ラス此ノ如クナスニアラレハ何人ノ作レルモノナルヤ明瞭ナラサルカ故ナリ而シテ公證人並ニ關係人ハ如何ナル場合ニ於テモ必ス署名捺印セサル可カラス若シ之レヲ遺脫スル片ハ其證書ハ公正ノ効ナキモノトス然レ圧署名捺印ハ時アリテ自ラ爲シ能ワサルモノナキニアラス故ニ此場合ニ於テハ明治十年第五十号布告ニ基キ他人之レニ代ッテ署名捺印ノ手續ヲナシ且ッ其事由ヲ記シテ亦タ署名捺印セサル可カラス

第三十五條　證書ノ綴目合目ニハ公證人幷ニ囑託人之ニ捺印ス可シ」

本條ハ別ニ釋義ヲ要セサルナリ

第三十六條　公證人ハ自己及親屬ノ爲メニ證書ヲ作ルコトヲ得ス其親屬他人ノ代理人タルトキモ亦同シ之ニ違ヒタルトキハ其證書ハ公正ノ効ヲ有セス

公證人ヲシテ自己亦ハ其親屬ノ爲メニ證書ヲ作ルヿヲ得セシメサル所以ハ其職掌ト其利益ト相抵觸スルヲ以テ或ハ不正ナル所行ナキヲ保シ難キカ故ナリ固ヨリ公證人ハ最モ純良ニシテ最モ清廉ノ人ニ就テ之ヲ撰任スルカ故斯ル憂ハ決シテナカル可シト爲スモ尚ホ一般ノ信任ヲ害スルノ恐レアレハナリ故ニ其親屬タルモノ假令他人ノ代理人トシテ出タル塲合ニ於テモ亦其求メニ應シ證書ヲ作リ得サルモノトナセリ而シテ本條ノ親屬トハ第二十九條ニ示シタルモノト同一ニシテ刑法ノ親屬例ニハ關係ナク只タ慣習上親屬トシテ見ル可キモノヲ云フナリ此禁令ニ違犯シタルモノハ素ヨリ公正ノ効ヲ有セス然レ𪜈私ノ證書タル効力ハ亦タ失ハサルナリ

第三十七條　公證人若シ囑託人ノ爲メ訴訟代人若クハ代言人ト爲リ又ハ爲リタルヿアルトキハ其訴訟事件ニ付キ證書ヲ作ルコトヲ得

ス之ニ違ヒタルトキハ其證書ハ公正ノ効ヲ有セス
本條ノ規定ハ公正證書ノ嚴正ヲ保チ人情利ニ走ルノ常トソ證書ヲ作ルノ間ニ不正ノ所業ヲ加フルカ如キヿノ恐レヲ懷キ一般人民ヲソ公證人ヲ信任セシメント欲スル精神ニ出タルナリ抑々公證人ハ代言人ニシテ尚ホ之ヲ兼勤スルヲ得ルカ故或ハ囑托人ノ爲メ代言人タル可キヿモアリ又タ一般公證人ニ在テハ訴訟代人タル可キトモアル可シ故ニ此ノ如ク自己ノ關係シタル事件ニ附テハ公正證書ヲ作リ得サルモノトナセリ然レモ公證人ノ資格ヲ以テ作リ置キタル證書ニ關シ訴訟ノ生シタル塲合ニ於テハ代人トナリテ之ヲ辨スルモ亦タ隨意ナル可シ何トナレハ特ニ是レカ爲メ制限ヲ置カス且ツ此ノ如キハ却テ其事件ヲ證明シ得ルノ利益アリテ決シテ制限ス可キモノニアラサレハナリ而シテ本條ニ違犯シタルトハ亦タ公正ノ効

ナシト定メタリ然レモ是レ亦タ私ノ證書タル効力ハ决テ失ハサルナリ

第三十八條　公證人ハ自己親屬立會人又ハ證人ノ爲メニ利益アル條件ヲ證書中ニ記スヘカラス若シ之ヲ記シタルトキハ其ノ條件ハ無効トス

本條ハ亦タ公正證書ヲメ私益心ヨリ終ニ不正ニ陷ルカ如キ憂ナカラシメン爲メ規定シタルモノニソ其精神ハ第三十六條ト異ルナシ即チ公證人ハ自己亦タハ親屬立會人證人等ノ爲メ利益トナルヘキ條件ヲ其證書中ニ記スルコトヲ得サルモノトセリ而シテ此利益トナルヘキ條件トハ此證書ニ立會人又ハ證人ト爲リタルニ附テハ何々ノ物ヲ與フヘシト云フカ如ク凡ソ是等ノ人々ノ爲メ利益ヲ與ルヿヲ約スル條件則チ是等ノ人々ノ權理ヲ得ヘキ事柄ヲ證書中ニ記載ス

ルヲ云フナリ故ニ是等ノ事柄ヲ記載シタル證書ハ其事柄ニ限リ之レヲ無効ノモノトシ仮令證書ニ記載シアルモ其事柄ハ記載ナキト一般無効ニシテ其他ノ部分ハ素ヨリ効アルモノトス

第三十九條　公證人ハ證書ノ原本ヲ保存スヘシ若シ之ヲ保存セス又ハ亡失シタル場合ニ於テ第四十七條ノ手續ヲ爲サヽルトキハ其証書ハ公正ノ効ヲ有セス

本條ニテ原本ノ亡失セラレタルトキハ公正ノ効ヲ有セストアルハ語意稍々穏當ナラサルニ似タリ如何トナレハ已ニ原本ナキトキハ強テ公正ノ効ヲ與ヘントスルモ他ニ之レヲ與フヘキ証書ノアラサレハナリ然レトモ本條ノ場合ニ於テハ第四十七條ニ示シタル如ク正本又ハ正式謄本ヲ以テ原本ニ代ユルコトヲ得ルトナセシ故已ニ之ヲ代ヘ得タル場合ニ於テハ初メヨリ公正証書ノ存在シタルト同一タ

ルヿヲ定メタルニ過キサルナリ故ニ若シ亡失ノ場合ニ於テ此ノ手續キニ依リ正本又ハ正式謄本ヲ以原本ニ代ヘ置カサルトキハ公正証書ト稱スヘキモノヽ存在セサルヿヲ明示シタルナリ故ニ之レヲ約言スレハ原本ノ亡失シタルトキ第四拾七條ニ從ヒ其手續ヲナセハ依然公正証書ノ効力ヲ存シ此手續ヲナサヽルトキハ公正証書ト云フヘキモノナク從テ其効ナシト云フニ在リ

第四十條　囑託人若シ代理人又ハ後見人ナルトキハ其ノ委任状又ハ其証書ノ寫ヲ原本ニ連綴ス可シ其寫ニハ本書ト對照シ相違ナキ旨ヲ附記シ公証人並ニ關係人署名捺印シ其ノ寫ト本書トニ割印ス可シ

第四十一條　証書ニ關係ノ書類ハ之ヲ原本ニ連綴スルヿヲ得之ヲ連綴シタルトキハ其旨ヲ原本ノ欄外又ハ末尾ニ附記シ公証人并ニ關

係ハ捺印スヘシ

本條中証書ニ關係ノ書類トアルハ公正証書ヲ作ルニツキ要シタル郡區戸長ノ証明書若クハ代理委任狀ノ類ヲ稱スルナリ此ノ如キ書類ハ强テ之レヲ公証人ノ手元ニ保存スルヲ要セスト雖モ事ハ鄭重ヲ厭ハサル故後日ノ確証ヲ保タンカ爲メ之レヲ保存セント欲セハ原本中ニ連綴シ且ツ其旨ヲ記載シ置クヘシト命シタルナリ

第四十二條　原本ニハ証劵印税規則ニ定メタル印紙ヲ貼用スヘシ

原本ハ公証人ノ手許ニ保存スル公正証書ニシテ其効力ハ前陳ノ如ク固ヨリ完然ナルモノナリト雖モ是レ亦一ノ證書タルニ過キサレハ普通證書ト同シク証劵印紙ヲ貼用セサル可ラス而ソ其消印ノ如キハ本人及ヒ公証人共ニ之ヲナス可シ實際ニ於テハ此ノ印紙ハ公

証人之ヲ貼用シ其代價ハ本人之ヲ收ムヘキモノトス後ノ第六十九條ニ明文アリ參看ス可シ

第二節　正本及謄本

第四十三條　正本ハ數量ノ定リタル金錢其他換用物若クハ有價証券ノ支辨ニ限リ權利者ノ請求ニ依リ之ヲ渡ス可シ之ニ違ヒタルトキハ正本ノ効ヲ有セス

正式謄本及抄録正式謄本ハ權利者ノ請求ニ依リ之ヲ渡ス可シ

本條ハ正本ヲ作リ得ル場合ヲ制限シタルモノニシテ數量ノ定リタル金錢其他換用物若クハ有價証券ノ支辨ニ限リ之ヲ作ルヿヲ得ルモノトナセリ盖シ換用物トハ只タ種類ノミ定テ其物ノ定ラサルモノヲ云フ例ヘハ米油酒等ノ如キモノ是レナリ又タ金錢ノ如キハ換用物ノ最モナルモノナリ即チ種類ノミ定リタル物件ニアリテハ何

レノ物件ヲ以テスルモ之ニ代用シ得ルカ故之ヲ換用物ト云フナリ法律語ニテ多クハ之ヲ得代物ト稱シ確定物ニ對スル用語トナセリ故ニ本條ニ於テ金錢ト之ヲ指稱シタルハ換用物中ノ一例ヲ示シタルモノニメ其他種類ノミヲ以テ事ヲ約シ得ヘキ物件ハ總テ之ヲ換用物ト稱スルナリ故ニ千百町ノ田地中ニ於テ何レノ場所ト指定セズシテ只タ其中ノ二三十坪ニ付キ約ヲナスモ亦タ一ノ換用物ニ外ナラサルナリ夫レ此ノ如ク他ノ物ヲ以テ立用シ得ル換用物ニアリテハ數量ノ定リタルトキニ限リ之カ爲メ正本ヲ作ルヿヲ得ルモノトス又タ有價証券トハ爲換手形約束手形又ハ銀行券ノ類ニメ此証券類ヲ以テ或ル義務ヲ支辨スヘキコトヲ約スル場合ニ於テハ亦タ之カ爲メニ正本ヲ作ルヿヲ得ルナリ而シテ此ノ證券ノ支辨ニ至リテハ時アリテ或ハ確定物タルヿアル可シ即チ第何号證劵ト云フカ如

キ一個確定ノモノモ間ニアル可シト雖𪜈此ノ證劵ノミハ確定物ナリ𪜈可ナルモノニテ其他ハ凡テ數量ノ定リタル換用物ニ限リ正本ヲ作リ得ルモノトス夫レ此ノ如ク確定物ニ附テハ有價證劵ノ支辨ノ外正本ヲ作ルコトヲ得サルモノトナセシ所以ハ此ノ正本ナルモノハ別ニ裁判ヲ受クルノ要モナク只タ其命令ニ依テ執行力ヲ有スルモノナルカ故一朝之ヲ執行スルヤ後日僞證等ノ發露シテ之ヲ回復セントスルモ容易ニ回復シ得可カラサレハナリ然レ𪜈換用物ニ至テハ一旦執行スルコトアルモ何レノ物品ヲ以テモ之ニ代ヘ得ヘキカ故決シテ回復シ得可カラサルカ如キ憂アラサルナリ故ニ正本ハ一概ニ換用物ノ支辨ニ限リ之ヲ作リ得ヘキモノトナシタルナリ

第二項ハ正式謄本及ヒ抄錄正式謄本ニ係ル規定ニシテ此ノ二者ノ關

係ハ第十四條ニ詳說シタルカ故今爰ニ之ヲ贅セス蓋シ此ノ正式謄本ハ公證書類タル固ヨリ疑ナシト雖モ之ヲ公正證書トシテ只タ此證書ノミニテ能ク反對ノ證據ニ打勝チ又タ執行力ヲ有スルト云如ク完全ナルモノニアラス只タ裁判所ニ證據トシテ提出スルニ於テハ充分確實ナル證據力ヲ有スルモノトス

第四十四條　正本又ハ正式謄本ハ原本ト同時ニ又ハ原本ヲ作リタル後ニ於テ之ヲ作ルコトヲ得原本ト同時ニ作ルトキハ關係人ノ面前ニ於テシ原本ヲ作リタル後ニ作ルトキハ更ニ義務者ノ立會ヲ以テスヘシ義務者出席セサルトキハ正本又ハ正式謄本ヲ求ムルモノヨリ管轄始審裁判所ニ出願シ其命令ニ依テ他ノ公證人一員又ハ裁判所ノ裁判官檢察官又ハ書記一員ノ立會ヲ以テ之ヲ作ルヘシ之ニ違ヒタルトキハ其ノ効ヲ有セス

裁判所ノ命令ニ依テ正本又ハ正式謄本ヲ作リタルトキハ其末尾並ニ原本ノ末尾ニ其旨ヲ附記シ其ノ命令書ハ之ヲ原本ニ連綴ス可シ

本條ノ關係人ハ第三十四條ニ定メタルモノト同一ニシテ証書ヲ作ルニ付キ關係セシ人々ヲ稱スルナリ正本及ヒ正式謄本ハ異日原本ノ亡失シタルトキハ之ヲ以テ原本ニ代ユルヿヲ得ルモノニシテ殊ニ正本ノ如キハ最モ正確ナル効力ヲ有スルモノナルカ故之ヲ作クルニハ又タ鄭重ナル方式ヲ要スルヿトシ恰モ原本同一ノ注意ヲ用イタルナリ

第四十五條　正本又ハ正式謄本ヲ作ルトキハ第三十一條第三十三條第三十四條第三項及第三十五條ノ規定ニ依ル可シ

正本又ハ正式謄本ニハ權利者ノ氏名並ニ之ヲ作リタル年月日及塲所ヲ記シ公証人並ニ義務者署名捺印スヘシ前條第一項ノ塲合ニ於

テハ公証人及他ノ公証人又ハ裁判所ノ官吏署名捺名ス可シ之ニ違ヒタルトキハ其効ヲ有セス

本條第一項ハ正本又ハ正式謄本ヲ作ルニ原本ト同一ナル注意ヲ以テ作ルヘキヿヲ命シタルモノニメ別ニ辨明ヲ要セサルナリ

第二項ハ正本及ヒ正式謄本ニ必要ナル規定ニメ權利者ノ氏名ト証書ヲ作リシ塲所及ヒ年月日トヲ記載シ公証人及ヒ義務者之ニ署名捺印ス可シトナセリ若シ又タ前條ニ於テ慮リシ如ク是等ノ書類ヲ作ラントスルニ義務者ノ立會ヲ得ル能ハスシテ他ノ公証人又ハ裁判官検察官書記等ノ立會ヲ以テ之ヲ作リタルトキハ該立會人ト公証人ト各〻之ニ署名捺印ス可シトナシ若シ之ニ違犯シタルトキハ是等ノ証書ハ總テ公式ノ証書タルヿヲ得サルモノトセリ

第四十六條　正本又ハ正式謄本ヲ渡シタルトキハ原本ノ末尾ニ其ノ

旨ト年月日トヲ附記シ權利者ヲシテ署名捺印セシムヘシ
正本又ハ正式謄本ハ再度以上之ヲ作ルヿヲ得サルカ故一度之ヲ作リタルトキハ其証跡ヲ止メサル可カラサルヲ以テ其旨及年月日ヲ原本ノ末尾ニ附記シ權利者ヲシテ之ニ署名捺印セシムルヿトナセリ是レ正確ナル領收証ニ等シキモノナリトス

第四十七條　正本又ハ正式謄本ハ原本ノ亡失シタルトキ管轄始審裁判所ノ認可ヲ經之ヲ原本トシテ保存スヘシ

以上ノ規定ニ依ルニ正本及ヒ正式謄本ナルモノハ之ヲ作ルニ大タ鄭重ナル方式ヲ要スルカ故其効力尤モ強ク若シ原本ノ亡失シタル場合ニ在テハ管轄始審裁判所ノ認可ヲ經シ上之ヲ以テ原本ニ代ヘ得ヘキモノトナセリ然ルニ認可ヲ經ルト云フトキハ裁判所ニ認可不認可ノ權ヲ與ヘタルカ如ク聞ユレトモ只タ其正本又ハ正式謄本ニ相

違アラサルニ於テハ決シテ之ヲ許否スルヿヲ得スシテ必ス其認可ヲ與ヘサルヘカラサル可シ尤モ是レ法律ノ精神ヲ推測シタルニ過キサレモ惟フニ立法者ノ意モ亦タ決シテ之ニ外ナラサルヘシト信スルナリ

第四十八條　數事件ヲ列記シ數人各自ニ關係ヲ異ニスル証書ハ權利者ノ請求ニ依リ其ノ有用ノ部分ヲ抄錄シテ正本又ハ正式謄本ヲ作ルコトヲ得

謄本又ハ正式謄本ヲ渡シタルモノニハ更ニ抄錄正本又ハ抄錄正式謄本ヲ渡スヘカラス又抄錄正本又ハ抄錄正式謄本ヲ渡シタルモノニハ更ニ正本又ハ正式謄本ヲ渡スヘカラス之ヲ渡スト雖モ其ノ効ヲ有セス

本條ハ抄錄正本又ハ抄錄正式謄本ヲ作ルヘキ場合ヲ定メタルモノ

ニメ各自關係ヲ異ニセル數事件ヲ一証書中ニ列記シテ一ノ原本ヲ作リタル塲合ニ於テ各自ノ請ニ由リ其記載シアル有用ノ一二部分ヲ抄出シテ之ヲ証書ニ作ルヿヲ得之ヲ抄録正本又ハ抄録正式謄本ト爲スナリ而メ其抄録シタル部分ニ附テハ正本若クハ正式謄本ト其証書ノ効力毫モ異ナラサルナリ

第二項ニ於テハ正本又ハ正式謄本ヲ有スルモノニハ抄録正本又ハ抄録正式謄本ヲ渡ス可カラスト定メタルモノニメ此ノ類ノ証書ハ二本以上ヲ有スル能ハサルモノトナセリ故ニ又其一ヲ有スルモノハ他ヲ有ス可ラストノ規定ヲ以テ大ニ之ヲ正確ナラシムルモノナリ而メ若シ同時ニ二本以上ヲ有スルモ其一ハ全ク無効ノモノナリトス

第四十九條　正本又ハ正式謄本ハ管轄始審裁判所ノ命令アルニアラ

サレハ再度之ヲ渡スヿヲ得ス之ヲ渡スト雖モ其効ヲ有セス
再度以上正本又ハ正式謄本ヲ得ント欲スルモノハ其ノ事由ヲ具シテ管轄始審裁判所ニ願出ツ可シ管轄始審裁判所ハ原本ヲ保存スル公証人ニ其正本又ハ正式謄本ヲ渡スヘキコトヲ命スルヿアル可シ
其正本又ハ正式謄本ニハ幾度ノ正本又ハ正式謄本ナルヿヲ末尾ニ附記シ公証人署名捺印ス可シ之ニ違ヒタルトキハ其ノ効ヲ有セス」
正本又ハ正式謄本ハ二本以上ヲ作クルヿヲ得スト定メタリト雖モ已ニ第四十七條中ニモ豫慮シタル如ク或ハ原本ノ亡失ニ由リ之ヲ以テ原本ニ代ユルヿアリ然ルトキハ正本又ハ正式謄本ナキモノトナルナリ其他又タ是等証書モ或ハ証書自ラ亡失破滅等ノ災ヲ來シ倘ホ之ヲ作ラサル可ラサルノ必要ヲ來タスヿアル可シ故ニ此ノ如キ場合ニ際シテハ其理由ヲ管轄始審裁判所ニ具伸シテ其命令ヲ求メ

以テ之ヲ作クルヿヲ得ヘキモノトナセリ故ニ公証人ノ權內ニ在テハ决シテ之ヲ渡スヿヲ得サルナリ而メ之ヲ渡シタルトキハ其幾度目ノ証書ナルヿヲ明記シ署名捺印ス可シ若シ之ニ違犯シタルトキハ其効力アラサルナリ

第五十條　抄錄謄本又ハ抄錄正式謄本ハ總テ正本又ハ正式謄本ト同一ノ手續ニ依リ之ヲ作ルヘシ其ノ効力モ亦同シ

本條ハ別ニ釋義ヲ要セス

第五十一條　証書ノ謄本及其附屬書類ノ寫ハ關係人ノ求メニ應シテ之ヲ渡ス可シ

証書ノ謄本トハ原本ノ全文ヲ寫シ出シタルモノニメ先キニ第十四條ニ於テ略式謄本ト稱シタルモノヲ云ヒ之ヲ正式謄本ニ比スレハ其効力至テ薄ク之ヲ裁判所ニ提出シタル塲合ニ於テモ只タ裁判官

ノ參考ニ供スルニ過キサルナリ此謄本ノミニ限リ關係人中ヨリ請求スルモノアレハ之ヲ渡スヘキモノトナセリ而シテ玆ニ所云關係人トハ第十六條ニ於テ定メタル意味廣キ關係人ヲ總稱シタルモノト知ル可シ

第五十二條　謄本ニハ原本ノ全文ヲ寫シ其末尾ニ謄本ト記シ公証人署名捺印スヘシ

本條ハ略式謄本ノ謄寫法ヲ定メタルモノニソ法文ヲ一讀スレハ意義明瞭ニソ別ニ疑ヲ生スヘキモノアラサルナリ

第五十三條　抄錄謄本ニハ原本ノ年月日及囑託人ノ族籍住所職業氏名ヲ記シ末尾ニ抄錄謄本ト記シ公証人署名捺印ス可シ

本條モ亦タ辨明スキモノアラサルナリ

第五十四條　管轄始審裁判所ノ命令ニ依リ關係外ノ者ニ謄本ヲ渡シ

タルトキハ其命令書ヲ原本ニ連綴シ末尾ニ命令書ヲ受ケタル旨並ニ年月日ヲ附記シ受取人ヲシテ署名捺印セシム可シ

關係人外ノ者ニアリテモ訴訟ノ引合其他種〻ノ參考ノタメ他人ノ作リシ公正証書ヲ見ルノ必要アル可シ斯ル場合ニ於テハ亦タ裁判所ノ命令ヲ乞フテ其謄本ヲ求メ得ルヿハ已ニ第十六條ニ於テ豫慮シタル所ナリ故ニ此命令書ニヨリ之ヲ渡シタルトキハ其命令書ハ原本ニ連綴シ其末尾ニ命令書ヲ受ケタル旨ト年月日ヲ附記シ受取人ヲシテ署名捺印ヲナサシムヘキモノトナセリ

本條ニ云フ謄本トハ略式謄本ニシテ正式謄本ハ決シテ關係者外ノ者ニ渡スヿアラサルナリ

第三節　見出帳

蓋シ見出帳ナルモノハ公証人ノ其職務ニ由テ授受シタル書類ノ種

類番号囑托人及ヒ之ヲ作リシ年月日等ヲ記載シ置クモノニ〆簡單ニ之ヲ云ヘハ一種ノ日記帳ニ外ナラサルナリ即チ取扱事務ノ順序ヲ正確ニシ書類調査ノ輕便ニ供スルモノトス

第五十五條　公証人ハ見出帳ヲ作リ記入前管轄始審裁判所ニ差出シ綴目合目ニ其所長ノ官印ヲ受クヘシ

本條ハ見出帳ノ紙數ヲ增減變換スル如キ憂ヲ防ク爲メイ規定ニ〆別ニ說明スヘキモノアラサルナリ

第五十六條　見出帳ニハ日々取扱ヒタル書類中ヨリ第三十一條及第三十三條ノ規定ニ從ヒ左ノ件々ヲ記入ス可シ

第一　囑託人ノ住所氏名

第二　書類ノ番號種類

第三　書類ヲ取扱ヒタル年月日

本條モ又說明ノ要ナシ

第四節　兼任及ヒ書類ノ授受

公証人ナルモノハ一定ノ受持區ヲ有シ且ツ其受持區ナルモノハ最モ嚴格ニ制限セラレタルモノナルカ故若シ一ノ公証人其任ヲ解カレ他公証人其任ヲ得タルカ又ハ得ントスル塲合ノ事柄ハ預メ規定シ置クニ非サレハ機ニ臨ンテ混雜ヲ生スルヿ僅少ナラサルヘシ故ニ本節ニ於テ綿密ニ之ヲ規定セリ然レモ本節ハ悉ク其手續上ノ事ニ關スル規定ニシテ釋義ヲ要スルモノ太タ僅少ナリ

第五十七條　公証人死去失踪免職辭職轉職又ハ他ノ役塲ニ轉シテ直ニ後任者ノ命セラレサル塲合又ハ停職ノ塲合ニ於テハ管轄始審裁判所ハ近隣ノ公証人ニ命シテ其事務ヲ兼任セシムヘシ
役塲ヲ廢シタルトキハ書類ノ引繼ヲ近隣ノ公証人ニ命スヘシ

本條中兼任者ヲ命スヘキ場合ニ於テ近隣トアルハ同一受持區内ニ在テ最モ比近隣接ナルモノヲ云ヒシナリ故ニ其同區内ニ他ノ公証人アル場合ニ於テハ必ス先ツ此者ニ兼任ヲ命セサル可ラス然レトモ施行條例ニ定メタルカ如ク其員數ノ不足スルトキハ全ク之ヲ置カサル區モアリテ一人ノ外他ニ兼任ヲ命スヘキ公証人ナキ場合モ僅少ナラサル可シ是レ固ヨリ法律永遠ノ精神ニアラサル可シト雖トモ當今ニ於テハ此ノ如キ場合ノ生スルコトモアル可シ然ルトキハ不得已場合ナルヲ以テ隣區ノモノニ之ヲ命スルコトアル可シ

第五十八條　前條ノ場合ニ於テ兼任者ナキトキ其他必要ト見認ムル場合ニ於テハ管轄始審裁判所ハ直ニ其役場ノ書類ニ封印ヲ爲スヘシ

前條ニモ云ヒシ如ク當今ニアリテハ往々公証人ノ員數欠乏シテ他ニ兼任ヲ命スヘキ適當ノ者ナキ場合モアル可シ此時ニ際シテハ管

轄始審裁判所ハ其書類ノ紛雑ヲ防カン爲メ直チニ封印ヲナサヽル可カラス又タ其他管轄始審裁判所ニテ必要ト認ムル場合即チ公証人ノ事務上不都合ノヿアリテ停職ヲ命シタルカ如キ場合等ニ於テ之ヲ秘密シ置クヘキ必要生スルヿナシト云フ可ラス是等ノ場合ニ於テモ亦タ其役場書類ニ封印ヲ爲サヽル可カラサルナリ

第五十九條　公証人免職辭職轉職又ハ他ノ役場ニ轉シタル場合ニ於テハ後任者又ハ兼任者ハ前任者ト立會ヒ書類ノ提要目録ヲ作リ共ニ署名捺印シテ授受スヘシ

死去失踪其他ノ事故ニ因リ引渡人ナキ場合ニ於テハ後任者又ハ兼任者ハ管轄始審裁判所ノ官吏ト立會ヒ提要目録ヲ作リ受取ルヘシ

書類封印後ニ命セラレタル後任者又ハ兼任者ハ管轄始審裁判所ノ官吏ト立會ヒ封印ヲ解キ提要目録ヲ作リ受取ル可シ

後任者或ハ兼任者ハ提要目錄ヲ作リタル日ヨリ一月以內ニ其目錄ノ寫一通ヲ管轄始審裁判所ニ差出スヘシ

本條ハ前ノ公証人ノ其任ヲ解キタル場合ニ於テ他ノ兼任者及ハ後任者之ニ代ハルヿ其書類授受ノ關係ヲ規定ナセシモノニテ之ヲ四項ニ分チ以テ規定セリト雖モ只タ手續上ニ止ルヲ以テ特ニ釋義ヲ下スノ要アラサルナリ

第六十條　公証人停職ノ場合ニ於テハ兼任者ハ第五十九條ノ手續ヲ爲スニ及ハス書類ノ保存ハ停職者之ヲ擔當ス可シ兼任者ハ停職者ノ役場ニ於テ其職務ヲ行フヘシ

本則違犯ノ爲メ停職ヲ命セラレタルモノアルヿハ裁判所ハ一時繼承ノ爲メ其兼任者ヲ命スルヲ通則トス而シテ其兼任者ハ停職者ノ役場ニ出張シテ其職務ヲ行ハサル可カラス已ニ停職者ノ役場ヲ於

テ之ヲ行フヘキモノト爲シタルカ故前條ノ如ク其書類ノ引渡ヲナスニ及ハス其保存ノ義務ハ之ヲ停職者ニ擔當セシムルコトヽナセリ

第六十一條　兼任者引繼ノ書類ヲ更ニ他ノ公証人ニ引渡ストキハ其命ヲ受ケタル日ヨリ三日内ニ自已ノ引繼キタルトキノ目錄ニ依テ引渡ヲ爲シ其ノ始末書ヲ造リ受繼人ト共ニ署名捺印スヘシ

受繼人ハ始末書ヲ作リタル日ヨリ一月以内ニ其寫一通ヲ作リ管轄始審裁判所ニ差出ス可シ

第六十二條　停職者復任スルトキハ管轄始審裁判所ヨリ兼任者ニ解任ヲ命スヘシ

第六十三條　前任者ノ作リタル原本ニ依テ後任者正本又ハ謄本ヲ渡ストキハ其受繼人タル旨ヲ附記ス可シ

本任者ノ作リタル原本ニ依テ兼任者正本又ハ謄本ヲ渡ストキハ兼

任者タル旨ヲ附記ス可シ

右三條ハ釋義ヲ要セス

第四章　手數料及ヒ旅費日當

第六十四條　公証人ハ此章ニ定メタル程限ニ從ヒ囑託人ヨリ手數料及旅費日當ヲ受クルコトヲ得

本條ハ次條以下ノ標準ニ從ヒ手數料及ヒ旅費日當ノ事ヲ定メタリトノ意ニシテ別ニ説明スヘキモノアラサルナリ只タ其手數料及ヒ旅費日當ヲ受クル事ヲ得トアル此得ノ字ハ少シク注意スヘキモノトス何トナレハ得ト云ヘハ本章ノ標準ニ從ヒ必ス徵收ス可シト命シタルニ非サルカ故其得ルト得サルトハ公証人ノ隨意タル可キナリ

第六十五條　手數料ハ原本一枚ニ付二十五錢正本及ヒ謄本ハ一枚ニ

付十錢但一行二十字二十行ヲ以テ一枚トシ十行以上ハ一枚十行以
下ハ半枚ヲ以テ算ス

本條ハ即チ手數料ノ最高額ヲ定メタルモノニ〆是ヨリ以上ニ超過
スルヿヲ得サレ𪜈是ヨリ以下ニ於テハ公証人ノ適宜ニ之ヲ受クル
ヿヲ得ルモノニシテ其極或ハ無報酬ニテ之ヲナス𪜈亦タ妨ケナシ
トス

第六十六條　囑託人ノ求メニ依リ先ツ証書ノ草案ヲ渡シ後其原本ヲ
作リタル𪜈ハ草案ノ手數料ヲ別ニ請求スルヿヲ得ス但シ其原本ヲ
作ラサルトキハ原本手數料ノ半額ヲ受クルコトヲ得

本條中原本ヲ作ラサル𪜈トアルハ公正証書ヲ作ラサル塲合ノヿニ
〆初メハ囑托人一旦之ヲ作ラントシテ己ニ其草按ヲ托シ然ル後
チ之ヲ止メテ公正証書ヲ作ラサル𪜈ヲ云フナリ此ノ塲合ニ於テハ

原本手數料ノ半額ヲ受クルコトヲ得トナセリ

第六十七條　公証人其役場ヨリ一里以外ノ地ニ往テ職務ヲ行フトキハ往返トモ旅費トシテ一里毎ニ二十錢ヲ受クルコトヲ得其職務ヲ行フ爲メ或ハ災變ノ爲メニ其ノ場所又ハ途中ニ滯留スルトキハ日當〔七十錢ヲ受クルコトヲ得

公証人ノ出張ヲ要スルハ不得已事情ニヨリ役場外ニ於テ事務ヲ執ラサル可カラサル場合ヲ想像ナセシモノニシテ危篤ニ迫リシ病人ノ公正証書ヲ以テ贈與書ヲ作ラント欲スル如キ是レナリ是等ノ場合ニ於テハ本條ノ標準ニ從ヒ旅費及日當ヲ收受シ得ルモノトナセリ

第六十八條　兼任者本任者ニ代リテ其ノ職務ヲ行フトキハ其ノ手數料ハ總テ兼任者之ヲ受クヘシ

兼任者其本任者ニ代ハリテ職務ヲ執ルトキハ兼任者自身ニテ其手數料ヲ領收シ得ルモノトナセリ然レモ第十一條ノ代理者ニ附テハ此ノ如キ規定ヲナサヽルカ故代理ヲ托セラレタルモノハ其本任者ト談合シテ之ヲ決セシメ法律ハ敢テ一定ノ制限ヲ設ケサルナリ是レ其代理ハ相對ノ間ニ於テ成立ツモ兼任ニ至テハ任命ヲ受ケテ以テ成立ツモノニシテ自然其結果ニ異同ヲ生スルモノナリ

第六十九條　手數料ノ外証劵印紙並ニ罫紙ノ代價ハ囑託人ヨリ之ヲ受クルヿヲ得

本條ハ別ニ釋義ヲ要セス

第七十條　囑託人ノ求メアルトキハ手數料等ノ計算書ヲ與フ可シ

手數料等ノ計算書ハ後日義務償却ノ日ニ至リ亦タ多少之ヲ要スルヿアルカ故或ハ之ヲ求ムルモノナシトモ云ヒ難シ故ニ之ヲ求ムル

モノアレハ公証人ハ之ヲ拒ムノ權ナシ必ス之ヲ渡サヽル可ラサルナリ

第七十一條　手數料等ニ係リ爭ノ生シタルトキハ其ノ金額ニ拘ハラス管轄始審裁判所ニ訴フヘシ

凡ソ民事上一般ノ訴訟ハ金額ノ多寡ニ由テ其制限ヲ異ニセリ即チ百圓以上ノ金額ニ於テハ始審裁判所ノ管轄ニ屬シ其以下ハ治安裁判所ニ於テ之ヲ管轄セリ然レ𪜈公証人ノ手數料等ノヿニ付キ囑托人ト公証人トノ間ニ爭ノ生シタル𪜈ハ假令ヒ百圓以下ノ小金額ト雖モ之ヲ始審裁判所ノ管轄ニ屬シ必ス始審裁判所ニ訴フ可キモノトナセリ是レ公証人ハ他ノ官吏ト異ナリテ司法部内ニ屬スル公吏ニメ且ツ直接ニ始審裁判所ノ監督ヲ受クルモノナレハ治安裁判所ヲメ之ヲ管轄セシムルハ素ヨリ其當ヲ得サルカ故ナリ而メ此起訴

ハ通常民事ノ訴ト同一ノ方法ニヨルヘキモノニテ本則ニ定メタル
抗告トハ異ナルモノト知ル可シ

第五章　懲罰

本章ハ公証人ノ本則ニ違犯シタルモノヲ制裁スヘキ罰例ヲ定メタルモノニテ其情状ニヨリ之ヲ四段ニ區別セリ而シテ其科料ト稱スルモノハ五十錢ニ始マリ三十圓ニ止レリ又タ違犯ノ情状重キモノハ一月以上四月以下ノ間ニ於テ停職ヲ命スルコトナセリ蓋シ此レ公証人ヲシテ小心翼々以テ此事ニ従ハシメント欲スル精神ニ外ナラサルナリ

第七十二條　公証人此規則ヲ犯シタル時ハ管轄始審裁判所ニ於テ第七十三條ヨリ第七十六條マテニ定メタル規定ニ依リ處分スヘシ

第七十三條　左ノ違反ハ五十錢以上一圓九十五錢以下ノ過料ニ處ス

第八條ニ違ヒタル時

第十一條ニ違ヒタル時

第十三條ニ違ヒタル時

第三十條ノ第一第二第三第四ノ規定ニ違ヒタル時

第三十一條ノ第二項又ハ第三項ニ違ヒタル時

第三十二條ノ第一項ニ違ヒタル時

第三十四條ノ第一項ニ違ヒ讀聞セシヿヲ記入セス又ハ肩書ヲ爲サヽリシ時

第三十五條ニ違ヒタル時

第四十條ニ違ヒタル時

第四十一條ニ違ヒタル時

第四十二條ニ違ヒタル時

第四十四條ノ第二項ニ違ヒタル時
第四十六條ニ違ヒタル時
第五十二條ニ違ヒタル時
第五十三條ニ違ヒタル時
第五十四條ニ違ヒタル時
第五十五條ニ違ヒタル時
第五十九條ノ第四項ニ違ヒタル時
第六十二條ニ違ヒタル時
第六十三條ニ違ヒタル時

第七十四條　左ノ違犯ハ二圓以上五圓以下ノ過料ニ處ス
第四十三條ニ違ヒタル時
第四十四條ノ第一項ニ違ヒタル時

第四十五條ノ第二項ニ違ヒタル時
第四十八條ノ第二項ニ違ヒタル時
第四十九條ノ第一項又ハ第三項ニ違ヒタル時
第七十五條　左ノ違犯ハ五圓以上三十圓以下ノ過料ニ處ス
第二條ニ違ヒタル時
第七條ニ違ヒタル時
第十條第二項ニ違ヒタル時
第二十八條ニ違ヒタル時
第三十條ノ第五ノ規定ニ違ヒタル時
第三十三條ニ違ヒタル時
第三十四條第二項又ハ第三項ニ違ヒタル時
第三十六條ニ違ヒタル時

第三十七條ニ違ヒタル時
第三十八條ニ違ヒタル時
第三十九條ニ違ヒタル時
第七十六條　左ノ違犯ハ一月以上四月以下ノ停職ニ處ス
第四條ノ第一項ニ違ヒタル時
第十五條ニ違ヒタル時
第十六條ニ違ヒタル時
第十七條ニ違ヒタル時
右諸條ハ説明ヲ要スヘキモノナシ故ニ贅セス
第七十七條　公証人前數條ニ掲ケタル懲罰處分ニ對シ不服アルトキハ管轄控訴院ニ抗告スルコヲ得但抗告ハ其ノ處分ノ執行ヲ停止スルノ効力ナキモノトス

始審裁判所ノ言渡シタル右諸條ノ罰條ニ對シ公證人ニ於テ不服ヲ懐クトキハ管轄控訴院ニ抗告スルコヲ得ルナリ其抗告ノ方法ハ已ニ第九條ノ註釋中ニ於テ陳述シタル如ク先ツ公證人ニ於テ抗告狀ヲ作リ之ヲ該始審裁判所ニ提出シ始審裁判所ニ於テ之ヲ審案シテ適當ノモノト認ムルトキハ直チニ其言渡シタル處分ヲ取消シ若シ之ヲ不當ノ抗告ト認ムルトキハ始審裁判所ヨリ之ヲ控訴院ニ提出シテ其判定ヲ俟ツヘキモノト信スルナリ

第七十八條　公証人停職ニ當ル所爲三度ニ及ヒタル時ハ司法大臣其職ヲ免ス

第二十條ノ第一第二第三ニ記載シタル處分ヲ受ケ又ハ身許保證金ヲ差入レサルトキハ亦前項ニ同シ

公証人停職ニ當ル所爲三度ニ及ヒタルトキ云々トハ公証人ノ條例違

犯ニ由テ三回停職ヲ命セラレタル片ハト云フノ意ナルヤ又ハ停職ヲ命セラレタルハ二回ニ〆三回目ノ停職ニ係ルヘキ所爲ヲナセシ片ハ別段停職ヲ命スルヿナクシテ直ニ免職ス可キモノナルヤ其分界太タ明燎ナラサルナリ然レ𪜈法文ニ停職ヲ受クル三度ニ及ヒ云々ト云ハズ〆停職ニ當ル所爲三度ニ及ヒ云々トアルハ大ニ意味ノアルヿニシテ或ハ已ニ二度マテ停職ヲ命セラレ尚ホ又タ停職ニ當ルヘキノ所行アリシ片ハ直チニ司法大臣ヨリ免職ヲ言渡サシムルノ精神タル可シ然レ𪜈又審カニ法文ヲ考フル片ハ此ノ如ク解ス可ラサルモノアリ何トナレハ此停職ニ當ルノ所爲ナルヤ否ヤヲ認メ得ル裁判ヲナスモノハ裁判官ニ〆司法大臣ニアラサルカ故ヨシ第七十七條ニ違犯ノ所行ト思惟スルアルモ司法大臣ニ於テハ果シテ其違犯シタルモノナルヤ否ヤ即チ違犯ノ所爲アリシヤ否ヤ裁判ノ

後ヲ俟ツニアラサレバ之ヲ知リ得可カラサルナリ故ニ其所爲三度ニ及ヒタル云々トアレ𪜈其三度ニ及ヒタルヤ否ヤハ三度ノ裁判ヲ受ケタルニアラサレハ之ヲ了知シ難シ故ニ法文ニ依テ解スルトキハ已ニ三度ノ停職ヲ受ケシ後ニテ司法大臣直チニ免職ノ言渡ヲナスヘキモノト云ハサル可カラス蓋シ立法者ノ精神ハ或ハ其他ニ期スル所アリヤ否ヤ知ル可カラサルナリ

又タ第二項ハ公証人トナルノ能力ヲ有セスト定メタル本則第二十條ノ第一第二第三項ニ抵觸シタルモノ及ヒ身元保証金ヲ納メサルモノニメ此身元保証金ノ事ハ公証人規則施行條例第十九條乃至第二十一條ニ規定セル如ク之ヲ三十日内ニ納メサルモノ或ハ一旦納メタルモ賠償及ヒ其他ノ補充ニヨリ欠額ヲ生シタルトキ之ヲ六十日以内ニ納メサルトキハ亦タ本條ノ制裁ヲ受クヘキモノトナセリ

第七十九條　公証人此規則ヲ犯シタルニ依リ他人ニ損害ヲ生セシメタルトキハ之ヲ賠償スヘシ

何人ト雖モ自巳ノ所爲ヨリシテ他人ニ損害ヲ加ヘタルトキハ必ス之ヲ賠償セサル可ラサルハ普通ノ原則ナリ公証人ト雖モ亦タ自己ノ過失ヨリシテ條則ヲ犯シ他人ニ損害ヲ加ヘタルトキハ此原則ニ基キ必ス之ヲ辨償セサル可ラサルハ論ヲ待タサルナリ而メ其損害ノ標準及ヒ程度ノ如キハ民法ノ原則ニ從フヘキモノニメ今之ヲ爰ニ論スルハ頗ル煩雜ヲ覺ルカ故ニ贅セス

公證人規則附書式目

(第壹号)　地所書入(又ハ質入)公正證書原本ノ書式

明治年月日(縣郡町村番地)立會人某氏ノ面前ニ於テ(縣郡町村番地)某氏及ヒ(縣郡町村番地)某氏トノ間ニ双方出席ノ上左ノ契約ヲナシタリ

一金何陌圓也

右金何陌圓ハ下ニ示シタル地所若干町ヲ某氏ニ於テ書入抵當ニ供シ(又ハ質入トナシ)來ル明治年月日ヲ辨償期限ト定メ某氏ヨリ正ニ借受ケタルモノトス

縣郡町村字番地

一田何町何反何畝也

地劵面價格

縣郡町村字番地

一畑何町何反

地劵面價格

總計何町何反何畝何歩也

地劵面價格總計

右陳述ノ旨ニ依リ此ノ証書ヲ作リ關係人一同ニ讀ミ聞セ其確實ヲ

証スル爲メ一同此レニ署名捺印シ置クモノ也

明治年月日

縣郡町村番地職業身分

權利者　何之誰印

年齡

縣郡町村番地職業身分

義務者　何之誰印
年齢

（証人アル時ハ証人ノ署名捺印）

立會人　何之誰印
年齢

縣郡町村番地職業身分

公証人　何之誰（役印）

某治安裁判所管内某區町村居住

（權利者ノ請求（又ハ裁判所ノ命令）ニ依リ正式謄本ヲ作リタル時ノ附記）

權利者某氏ノ請求（又ハ裁判所ノ命令）ニ依リ本証書ノ正式謄本一通ヲ作リ此レヲ權利者ニ渡ス

明治年月日

本証書ノ正式謄本一通正ニ領受致候也

權利者　何之誰　印

〔第二號〕

地所(建物又ハ船舶)賣渡ノ公正證書

原本ノ書式

明治年月日(縣郡町村番地)立會人某氏ノ面前ニ於テ(縣郡町村番地)某氏及ヒ(縣郡町村番地)某氏トノ間ニ双方出席ノ上左ノ賣買契約ヲナセリ

縣郡町村字番地

一田畑何反何畝歩　(又ハ宅地何百何十坪)

地券面價格

縣郡町村字番地

一建物　何棟

但煉瓦又ハ木造

造作ノ有無

第何番何號(又ハ何丸)

一船舶　何艘

西洋形又ハ日本形ノ區別ニ由リ登記ニ必要ナル諸項目

右ノ地所何反何歩(又ハ建物又ハ船舶)ハ此迄某氏ノ所有ナリシ處今般代金何百圓ヲ以テ所有主某氏ヨリ某氏ニ正ニ賣渡シタルモノトス

右陳述ノ旨ニ依リ本証書ヲ作リ關係者一同ニ讀ミ聞セ其確實ヲ証

スル爲メ一同署名捺印シ置クモノトス

縣郡町村番地職業身分

買主　何之誰

年齢

縣郡町村番地職業身分

賣主　何之誰

年齢

（証人アレバ証人）

縣郡町村番地職業身分

立會人　何之誰（役印）

年齢

明治年月日

某治安裁判所管內某區町村居住

公証人　何　之　誰（役印）

米類（其他換用物）賣買ノ公正証書

原本ノ書式

〔第三號〕

明治年月日（縣郡町村番地）立會人某氏ノ面前ニ於テ（縣郡町村番地）某氏及ビ（縣郡町村番地）某氏トノ間ニ双方出席ノ上左ノ賣買契約ヲナセリ

一米何拾石也

右米何拾石ハ代金何圓ヲ以テ某氏ヨリ某氏ニ向ヒ賣渡ス可キ旨ヲ約シタリ

右双方ノ陳述ニ依リ本証書ヲ作リ關係者一同ニ讀ミ聞セ其確實ヲ証セン爲メ此レニ署名捺印ヲナサシメタルモノトス

八

明治年月日

縣郡町村番地職業身分
買主　何之誰
年齢

縣郡町村番地職業身分
賣主　何之誰
年齢

（証人アレバ証人）

縣郡町村番地職業身分
立會人　何之誰
年齢

某治安裁判所管內某區町村居住
公証人　何之誰（役印）

（第四號）

遺囑贈與ノ公正証書　原本ノ書式

明治年月日（縣郡町村番地）立會人某氏ノ面前ニ於テ（縣郡町村番地）某氏出席ノ上左ノ旨ヲ陳シタリ

右某氏死去ノ節ハ其ノ所有財産中左ニ列記セル部分ハ（縣郡町村番地）某氏ニ贈與ナスベキヿヲ陳述シタリ

一何々

一何々

右陳述ノ旨ニ依リ本証書ヲ作リ關係人一同ニ讀ミ聞セ此レガ確實ヲ証スル爲メ一同ノ署名捺印ヲナサシメタルモノトス

縣郡町村番地職業身分

明治年月日

贈與者　何之誰　印

十

年齢

（証人アレバ証人）

縣郡町村番地職業身分

立會人　何之誰印

年齢

某治安裁判所管内某區町村居住

公証人　何之誰（役印）

（第五號）

地所（又ハ建物）譲與ノ公正証書

原本ノ書式

明治年月日（縣郡町村番地）立會人某氏ノ面前ニ於テ（縣郡町村番地）某

氏及ヒ(縣郡町村番地)某氏トノ間ニ双方出席ノ上左ノ事ヲ約シタリ

右某氏所有ノ地所(又ハ家屋)ノ中下ニ列記セル部分ハ此レヲ某氏ニ

譲與ナシ且某氏ハ右譲與ノ地所(又ハ家屋)ヲ領受ナスヘキモノトス

縣郡町村字番地

一田畑何反何畝

地券面價格

縣郡町村字番地

一建物　何棟

構造ノ摸様

右陳述ノ旨ニ由リ本証書ヲ作リ關係人一同ニ讀ミ聞セ其確實ヲ証

スル爲メ一同ノ署名捺印ヲナサシメ置クモノトス

明治年月日

十二

縣郡町村番地職業身分

讓與者　何之誰　印

年齡

縣郡町村番地職業身分

受讓者　何之誰　印

年齡

縣郡町村番地職業身分

立會人　何之誰　印

年齡

某治安裁判所管內某區町村居住

公証人　何之誰　(役印)

〔第六号〕　金圓借用ノ公正証書

明治年月日(縣郡町村番地)立會人某氏ノ面前ニ於テ(縣郡町村番地)某氏並ヒニ(縣郡區町村番地)某氏出席ノ上双方ニ於テ左ノ契約ヲナシタリ

一金何陌圓也

此利何程

右金何陌圓ハ某氏ニ於テ來ル明治年月日ヲ辨償期限ト定メ某氏ヨリ正ニ借受ケタルモノナリ(連帶者又ハ保証人アル塲合ニ於テハ其文意モ從テ異ナラザル可ラサルモノトス)

右陳述ノ旨ニ依リ本証書ヲ作リ關係者一同ニ讀ミ聞カセ其確實ヲ証スル爲メ一同署名捺印シ置クモノトス

縣郡町村番地職業身分

貸主　何之誰印　年齢

縣郡町村番地職業身分

借主　何之誰印　年齢

（証人アレハ証人）

縣郡町村番地職業身分

立會人　何之誰印　年齢

某治安裁判所管内某區町村居住

公証人　何之誰（役印）

明治年月日

原本ノ書式ハ概略右ニ示セシ處ニ依リテ此レチ類推スルドハ自然明瞭ナルガ故ニ以下此レチ略スベシ

正本ノ書式

(原本之全文)

右ハ權利者某氏ノ請求(又ハ裁判所ノ命令)ニ依リ某公証人役塲ニ於テ原本ニ就キ此レヲ寫シタルモノニシテ本文ノ義務ヲ履行セザルニ於テハ其執行ヲ裁判所ニ出願シ得ヘキモノトス

明治年月日

義務者　何之誰印

公証人　何之誰印

(若シ正本ヲ作ル塲合ニ義務者ノ立會アラサリシトキニハ法律上立會ヲ命セラレタル他ノ公証人若シクハ裁判所官吏ノ中ニテ現ニ立會ヒタル一員ノ署名捺印ヲナス可キモノトス)

正式謄本ノ書式

（原本ノ全文）

右ハ權利者某氏ノ請求（又ハ裁判所ノ命令）ニ依リ某公証人役場ニ於テ原本ニ就キ此ノ正式謄本ヲ作ルモノ也

明治年月日

義務者　何之誰　印

公証人　何之誰　印

公証人規則施行條例

第一條　公証人ハ一受持區ニ五名以下ヲ置クモノトス「若シ公証人ノ員數不足スルトキハ受持區ニ依リテハ全ク之ヲ置カサルヿアル可シ

第二條　公証人ハ其受持區内ニ於テ住居セント欲スル町村ヲ定メ其願書ヲ始審裁判所ニ差出シ控訴院ヲ經テ司法大臣ノ認可ヲ請フ可シ「始審裁判所長及控訴院長ハ公証人ヨリ差出タル住居願ニ意見ヲ附シテ之ヲ司法大臣ニ送達ス可シ「司法大臣ニ於テ公証人ヨリ願出タル住居ヲ認可セサルトキハ直チニ其住居ス可キ町村ヲ指定ス

第三條　公証人既ニ住居ノ認可ヲ受タル後火災其他ノ事故アリテ他ニ轉居セントスルトキモ亦前條ノ手續ニ從フ可シ

第四條　公証人ノ役場ニハ公証人某役場ト記セル表札ヲ掲ク可シ「役場ニハ成可ク倉庫又ハ堅牢ナル建物ヲ以テ書類保存ノ所ト爲スヲ要

ス」書類ハ常ニ書箱ニ藏メ非常持退ノ準備ヲ爲シ置ク可シ

第五條　公証人規則ニ從ヒ試驗ヲ受ケント欲スル者ハ試驗願書ニ履歷書ヲ添ヘ試驗期日ノ告示アリタルヨリ試驗期日一箇月前マテニ試驗ヲ行フ控訴院若クハ始審裁判所ニ差出ス可シ」試驗願書及履歷書ニハ本籍區長若クハ戸長ノ奥書ヲ受ク可シ

第六條　試驗ハ各所同時ニ之ヲ行フモノトス

第七條　試驗委員ハ筆記試驗ノ答按ヲ調查シ其不合格ヲ決定シタル後口述試驗ヲ行フ可シ」筆記試驗ニ合格セサル者ニ付テハ口述試驗ヲ行ハス

第八條　試驗問題答案ノ適否ハ試驗委員ノ判斷ニ決スルモノトス」試驗ノ結果ハ筆記口述二種ノ總點ニ依リ之ヲ定ム可シ

第九條　試驗委員ハ口述試驗ノ大略及試驗全體ノ結果ヲ記錄ニ記載

ス可シ

第拾條　試驗ニ及第シタル者ニハ試驗委員ノ連署シタル及第證書ヲ授與ス可シ試驗ヲ行フタル控訴院若クハ始審裁判所ハ試驗及第人名簿ヲ製シ之ニ及第者ノ住所族籍氏名年齡及ヒ及第ノ年月日ヲ登錄ス可シ

第十一條　試驗委員ハ試驗ニ關スル一切ノ書類ヲ其試驗ヲ行フタル始審裁判所若クハ控訴院ノ長ニ差出ス可シ始審裁判所ニ於テ試驗ヲ行フタルトキハ其裁判所長ハ及第者ニ關スル一切ノ書類ニ意見ヲ附シテ控訴院ニ送致シ控訴院長モ亦意見ヲ附シテ司法大臣ニ差シ出ス可シ控訴院ニ於テ試驗ヲ行フタルトキハ前項ノ書類ニ控訴院長ノ意見ヲ附シテ司法大臣ニ差シ出ス可シ

第十二條　公証人タラント欲スル者ハ其願書ニ試驗及第証書官記學

位記卒業証書又ハ免許狀ノ寫及丁年者二名以上ニテ品行ヲ保証スル証書ヲ添ヘ之ヲ差出ス可シ試験及第証書ヲ要セサル出願人ハ別ニ履歴書ヲ添フ可シ

第十三條　公証人願ヲ受タル始審裁判所長及上席検事ハ出願人ノ身上ニ付品行ノ正否理財ノ整否等詳細ノ取調ヲ為シ控訴院ニ送致シ控訴院長及検事長モ亦意見ヲ附シ之ヲ司法大臣ニ差出ス可シ

第拾四條　公証人願書ヲ直チニ控訴院ニ差出タルトキハ控訴院長及検事長ハ前條ノ取調ヲ為シ且ツ意見ヲ附シ之ヲ司法大臣ニ差出ス可シ

第十五條　公証人願書ニハ其職務ヲ行ハント欲スル地ヲ明記ス可シ

第十六條　司法大臣公証人ヲ任スルトキハ辭令書ヲ其公証人ノ職務ヲ行フ可キ地ノ管轄控訴院及始審裁判所ヲ經テ本人ニ下付ス控訴院及始審裁判所ニ於テハ公証人名簿ヲ備置キ公証人ニ任セラレタル者

ノ住所族籍氏名年齢及任地ヲ記錄ス可シ

第十七條　公証人ニ任セラレタル者ハ身元保証金トシテ現金又ハ相當ノ價格アル公債証書若クハ日本銀行株劵ヲ管轄始審裁判所ニ納ム可シ

第十八條　公証人ノ納ムヘキ身元保証金ノ額ハ左ノ如シ

東京及大坂　金五百圓

他ノ地方ニ於テハ

人口二十萬以上アル受持區　金四百圓

人口二十萬未滿十萬以上アル受持區　金三百圓

人口十萬未滿アル受持區　金貳百圓

前項ノ金額ハ人口ニ增減アリト雖モ既ニ完納シタルモノハ之ヲ增減セス

第十九條　公証人ハ身元保証金ヲ管轄始審裁判所ニ完納セサル間ハ其職務ヲ行フコトヲ得ス「公証人任命ノ辭令書ヲ受取タルヨリ三十日以内ニ身元保証金ヲ完納セサルトキハ公証人規則第七十八條第二項ニ依リ司法大臣其職ヲ免ス

第二十條　公証人ノ身元保証金ハ公証人規則第五章ニ定メアル過料其他賠償抵保ニ充ツルモノトス

第二十一條　過料賠償其他ノ事故ニ依リ身元保証金ノ全部又ハ一部ヲ滅消シタルトキハ管轄始審裁判所長ハ速ニ保証金ヲ補充ス可キ旨ヲ公証人ニ命ス可シ「公証人保証金ヲ補充スルマテ始審裁判所長ハ假ニ職務執行ノ停止ヲ命スルヿヲ得此場合ニ於テハ速ニ其旨ヲ司法大臣ニ具申ス可シ「公証人保証金補充ノ命令ヲ受ケ六十日ヲ過キ之ヲ補充セサルトキハ始審裁判所長ハ控訴院ヲ經テ司法大臣ニ具申シ免職ノ處

分ヲ請フ可シ

第二十二條　公證人他ノ役塲ニ轉スル塲合ニ於テ其保証金ニ不足ヲ生スレハ之ヲ補充セシメ若シ餘分アレハ之ヲ還付ス可シ

第二十三條　公証人其職務ヲ罷タル片ハ身元保証金ヲ還付ス可シ

第二十四條　公証人死去失踪シ又ハ停職ノ處分ヲ受ケタル片ハ管轄始審裁判所ハ控訴院ヲ經由シ其旨ヲ司法大臣ニ具申ス可シ停職者復任シタル片モ亦前項ノ手續ニ從フ可シ

第二十五條　公証人死去失踪停職復任辭職免職又ハ轉職シタル時ハ始審裁判所及控訴院其旨ヲ公証人人名簿ニ記入ス可シ

第二十六條　公証人規則ニ定メアル懲罰處分ハ民事裁判所之ヲ管轄シ刑法及治罪法ノ例ヲ用ヒス

第二十七條　公証人試驗願書式履歷書式及公証人願書式ハ左ノ如シ

第一　公証人証驗願書式

公証人試驗願（料紙美濃紙）

族籍戸主嗣子又ハ二三男兄弟ノ別

氏　名　印

年　齡

私儀公証人試驗相受度此段奉願候也

現住所

年　月　日

氏　名　印

某訟訴院長誰殿　又ハ某始審裁判所長誰殿

前書ノ通族籍年齡等相違無之候也

年　月　日

本籍

年　月　日

區長又ハ戸長印

第二　履歴書式

履歴書（料紙美濃紙）

族籍

氏　名

年齢

一何年何月ヨリ何年何月迄何府縣何某ニ就キ又ハ公私何學校何塾ニ於テ何學修業

一何年何月何日職業仕官進退等ニ關スル一切ノ件

一公証人規則第二十條ノ各項ニ相觸レ候儀一切無之候

年　月　日

氏　名　印

前書之通相違無之候也

年　月　日

本籍　區戸長　印

第三　公証人願書式

公証人願（料紙美濃紙）

族籍　戸主嗣子又ハ二三男兄弟ノ別

氏　名　印

年　齢

私儀何府縣何國某始審裁判管下公証人受持區ニ於テ公証人ノ職務ヲ行度志願ニ有之候ニ付御登用被下度試驗及第書（官記學位記卒業証書免許狀）ノ寫及ヒ品行保証書相添此段奉願候也

現住所

氏　名　印

年　月　日

司法大臣誰殿

又

私儀何府縣何國某治安裁判所管下及ヒ何府縣何國某治安裁判所管下（某始審裁判所管下又ハ某控訴院管下）ノ内何レノ公証人受持區ニ於テナリトモ御命令ニ從ヒ公証人ノ職務ヲ行ヒ度志願ニ有之候ニ付御登用被下度試驗及第証書（官記學位記卒業証書免許狀）ノ寫及ヒ品行保証書相添此段奉願候也

前後ノ式ハ

前式ニ同シ

明治十九年
九月二十七日出版御届

定價金三拾八錢

熊本縣士族
出版人　井本常治
神田區小川町三十九番地
蛭田幸三郎方

發兌　明法堂
神田區美土代町四町目五番地

各府縣賣捌書肆

東京々橋區銀座四町目　博聞社
同　日本橋區通三町目　丸善書店
仝　仝區通二町目　山城屋佐兵衛
仝　仝通壹町目　北畠茂兵衛
大坂備後町四町目　岡島支店
宮城縣仙臺國分町　伊勢安右衛門
仝　縣仙臺大町　木村文助
廣島縣廣島大手町　早速社
高知縣高知種崎町　澤木駒吉
雲州松江天神町　川岡清助
石川縣金澤尾張町　牧野作平
京都府河原町二條下　大黑屋書舗
信州小諸町　相塲書店

公證人規則釋義・公證人規則釋義　全
日本立法資料全集　別巻 1180

平成30年2月20日　　復刻版第1刷発行

著　者　石　川　惟　安
　　　　井　本　常　治

発行者　今　井　　　貴
　　　　渡　辺　左　近

発行所　信　山　社　出　版

〒113-0033　東京都文京区本郷6-2-9-102
モンテベルデ第2東大正門前
電　話　03（3818）1019
FAX　03（3818）0344
郵便振替 00140-2-367777（信山社販売）

Printed in Japan.

制作／（株）信山社，印刷・製本／松澤印刷・日進堂

ISBN 978-4-7972-7295-6 C3332

巻数	書　名	編・著者	ISBN	本体価格
950	実地応用町村制質疑録	野田藤吉郎、國吉拓郎	ISBN978-4-7972-6656-6	22,000円
951	市町村議員必携	川瀬周次、田中迪三	ISBN978-4-7972-6657-3	40,000円
952	増補 町村制執務備考 全	増澤鐵、飯島篤雄	ISBN978-4-7972-6658-0	46,000円
953	郡区町村編制法 府県会規則 地方税規則 三法綱論	小笠原美治	ISBN978-4-7972-6659-7	28,000円
954	郡区町村編制 府県会規則 地方税規則 新法例纂 追加地方諸要則	柳澤武運三	ISBN978-4-7972-6660-3	21,000円
955	地方革新講話	西内天行	ISBN978-4-7972-6921-5	40,000円
956	市町村名辞典	杉野耕三郎	ISBN978-4-7972-6922-2	38,000円
957	市町村吏員提要〔第三版〕	田邊好一	ISBN978-4-7972-6923-9	60,000円
958	帝国市町村便覧	大西林五郎	ISBN978-4-7972-6924-6	57,000円
959	最近検定 市町村名鑑 附 官国幣社 及 諸学校所在地一覧	藤澤衛彦、伊東順彦、増田穆、関惣右衛門	ISBN978-4-7972-6925-3	64,000円
960	鼇頭対照 市町村制解釈 附 理由書 及 参考諸布達	伊藤寿	ISBN978-4-7972-6926-0	40,000円
961	市町村制釈義 完 附 市町村制理由	水越成章	ISBN978-4-7972-6927-7	36,000円
962	府県郡市町村 模範治績 附 耕地整理法 産業組合法 附属法令	荻野千之助	ISBN978-4-7972-6928-4	74,000円
963	市町村大字読方名彙〔大正十四年度版〕	小川琢治	ISBN978-4-7972-6929-1	60,000円
964	町村会議員選挙要覧	津田東璋	ISBN978-4-7972-6930-7	34,000円
965	市制町村制 及 府県制 附 普通選挙法	法律研究会	ISBN978-4-7972-6931-4	30,000円
966	市制町村制註釈 完 附 市制町村制理由〔明治21年初版〕	角田真平、山田正賢	ISBN978-4-7972-6932-1	46,000円
967	市町村制詳解 全 附 市町村制理由	元田肇、加藤政之助、日鼻豊作	ISBN978-4-7972-6933-8	47,000円
968	区町村会議要覧 全	阪田辨之助	ISBN978-4-7972-6934-5	28,000円
969	実用 町村制市制事務提要	河邨貞山、島村文耕	ISBN978-4-7972-6935-2	46,000円
970	新旧対照 市制町村制正文〔第三版〕	自治館編輯局	ISBN978-4-7972-6936-9	28,000円
971	細密調査 市町村便覧(三府四十三県 北海道 樺太 台湾 朝鮮 関東州) 附 分類官公衙公私学校銀行所在地一覧表	白山榮一郎、森田公美	ISBN978-4-7972-6937-6	88,000円
972	正文 市制町村制 並 附属法規	法曹閣	ISBN978-4-7972-6938-3	21,000円
973	台湾朝鮮関東州 全国市町村便覧 各学校所在地〔第一分冊〕	長谷川好太郎	ISBN978-4-7972-6939-0	58,000円
974	台湾朝鮮関東州 全国市町村便覧 各学校所在地〔第二分冊〕	長谷川好太郎	ISBN978-4-7972-6940-6	58,000円
975	合巻 佛蘭西邑法・和蘭邑法・皇国郡区町村編成法	箕作麟祥、大井憲太郎、神田孝平	ISBN978-4-7972-6941-3	28,000円
976	自治之模範	江木翼	ISBN978-4-7972-6942-0	60,000円
977	地方制度実例総覧〔明治36年初版〕	金田謙	ISBN978-4-7972-6943-7	48,000円
978	市町村民 自治読本	武藤榮治郎	ISBN978-4-7972-6944-4	22,000円
979	町村制詳解 附 市制及町村制理由	相澤富蔵	ISBN978-4-7972-6945-1	28,000円
980	改正 市町村制 並 附属法規	楠綾雄	ISBN978-4-7972-6946-8	28,000円
981	改正 市制 及 町村制〔訂正10版〕	山野金蔵	ISBN978-4-7972-6947-5	28,000円

別巻　巻数順一覧【915 ～ 949 巻】

巻数	書　名	編・著者	ISBN	本体価格
915	改正 新旧対照市町村一覧	鍾美堂	ISBN978-4-7972-6621-4	78,000 円
916	東京市会先例彙輯	後藤新平、桐島像一、八田五三	ISBN978-4-7972-6622-1	65,000 円
917	改正 地方制度解説〔第六版〕	狭間茂	ISBN978-4-7972-6623-8	67,000 円
918	改正 地方制度通義	荒川五郎	ISBN978-4-7972-6624-5	75,000 円
919	町村制市制全書 完	中嶋廣蔵	ISBN978-4-7972-6625-2	80,000 円
920	自治新制 市町村会法要談 全	田中重策	ISBN978-4-7972-6626-9	22,000 円
921	郡市町村吏員 収税実務要書	荻野千之助	ISBN978-4-7972-6627-6	21,000 円
922	町村至宝	桂虎次郎	ISBN978-4-7972-6628-3	36,000 円
923	地方制度通 全	上山満之進	ISBN978-4-7972-6629-0	60,000 円
924	帝国議会府県会郡会市町村会議員必携 附関係法規 第1分冊	太田峯三郎、林田亀太郎、小原新三	ISBN978-4-7972-6630-6	46,000 円
925	帝国議会府県会郡会市町村会議員必携 附関係法規 第2分冊	太田峯三郎、林田亀太郎、小原新三	ISBN978-4-7972-6631-3	62,000 円
926	市町村是	野田千太郎	ISBN978-4-7972-6632-0	21,000 円
927	市町村執務要覧 全 第1分冊	大成館編輯局	ISBN978-4-7972-6633-7	60,000 円
928	市町村執務要覧 全 第2分冊	大成館編輯局	ISBN978-4-7972-6634-4	58,000 円
929	府県会規則大全　附 裁定録	朝倉達三、若林友之	ISBN978-4-7972-6635-1	28,000 円
930	地方自治の手引	前田宇治郎	ISBN978-4-7972-6636-8	28,000 円
931	改正 市制町村制と衆議院議員選挙法	服部喜太郎	ISBN978-4-7972-6637-5	28,000 円
932	市町村国税事務取扱手続	広島財務研究会	ISBN978-4-7972-6638-2	34,000 円
933	地方自治制要義 全	末松偕一郎	ISBN978-4-7972-6639-9	57,000 円
934	市町村特別税之栞	三邊長治、水谷平吉	ISBN978-4-7972-6640-5	24,000 円
935	英国地方制度 及 税法	良保両氏、水野遵	ISBN978-4-7972-6641-2	34,000 円
936	英国地方制度 及 税法	髙橋達	ISBN978-4-7972-6642-9	20,000 円
937	日本法典全書 第一編 府県制郡制註釈	上條慎蔵、坪谷善四郎	ISBN978-4-7972-6643-6	58,000 円
938	判例挿入 自治法規全集 全	池田繁太郎	ISBN978-4-7972-6644-3	82,000 円
939	比較研究 自治之精髄	水野錬太郎	ISBN978-4-7972-6645-0	22,000 円
940	傍訓註釈 市制町村制 並ニ 理由書〔第三版〕	筒井時治	ISBN978-4-7972-6646-7	46,000 円
941	以呂波引町村便覧	田山宗堯	ISBN978-4-7972-6647-4	37,000 円
942	町村制執務要録 全	鷹巣清二郎	ISBN978-4-7972-6648-1	46,000 円
943	地方自治 及 振興策	床次竹二郎	ISBN978-4-7972-6649-8	30,000 円
944	地方自治講話	田中四郎左衛門	ISBN978-4-7972-6650-4	36,000 円
945	地方施設改良 訓諭演説集〔第六版〕	鹽川玉江	ISBN978-4-7972-6651-1	40,000 円
946	帝国地方自治団体発達史〔第三版〕	佐藤亀齢	ISBN978-4-7972-6652-8	48,000 円
947	農村自治	小橋一太	ISBN978-4-7972-6653-5	34,000 円
948	国税 地方税 市町村税 滞納処分法問答	竹尾高堅	ISBN978-4-7972-6654-2	28,000 円
949	市町村役場実用 完	福井淳	ISBN978-4-7972-6655-9	40,000 円

別巻　巻数順一覧【878～914巻】

巻数	書　名	編・著者	ISBN	本体価格
878	明治史第六編 政黨史	博文館編輯局	ISBN978-4-7972-7180-5	42,000円
879	日本政黨發達史 全〔第一分冊〕	上野熊藏	ISBN978-4-7972-7181-2	50,000円
880	日本政黨發達史 全〔第二分冊〕	上野熊藏	ISBN978-4-7972-7182-9	50,000円
881	政党論	梶原保人	ISBN978-4-7972-7184-3	30,000円
882	獨逸新民法商法正文	古川五郎、山口弘一	ISBN978-4-7972-7185-0	90,000円
883	日本民法鼇頭對比獨逸民法	荒波正隆	ISBN978-4-7972-7186-7	40,000円
884	泰西立憲國政治攬要	荒井泰治	ISBN978-4-7972-7187-4	30,000円
885	改正衆議院議員選擧法釋義 全	福岡伯、横田左仲	ISBN978-4-7972-7188-1	42,000円
886	改正衆議院議員選擧法釋義 附 改正貴族院令,治安維持法	犀川長作、犀川久平	ISBN978-4-7972-7189-8	33,000円
887	公民必携 選擧法規ト判決例	大浦兼武、平沼騏一郎、木下友三郎、清水澄、三浦數平	ISBN978-4-7972-7190-4	96,000円
888	衆議院議員選擧法輯覽	司法省刑事局	ISBN978-4-7972-7191-1	53,000円
889	行政司法選擧判例總覽―行政救濟と其手續―	澤田竹治郎・川崎秀男	ISBN978-4-7972-7192-8	72,000円
890	日本親族相續法義解 全	髙橋捨六・堀田馬三	ISBN978-4-7972-7193-5	45,000円
891	普通選擧文書集成	山中秀男・岩本溫良	ISBN978-4-7972-7194-2	85,000円
892	普選の勝者 代議士月旦	大石末吉	ISBN978-4-7972-7195-9	60,000円
893	刑法註釋 卷一～卷四(上卷)	村田保	ISBN978-4-7972-7196-6	58,000円
894	刑法註釋 卷五～卷八(下卷)	村田保	ISBN978-4-7972-7197-3	50,000円
895	治罪法註釋 卷一～卷四(上卷)	村田保	ISBN978-4-7972-7198-0	50,000円
896	治罪法註釋 卷五～卷八(下卷)	村田保	ISBN978-4-7972-7198-0	50,000円
897	議會選擧法	カール・ブラウニアス、國政研究科會	ISBN978-4-7972-7201-7	42,000円
901	鼇頭註釈 町村制　附 理由 全	八乙女盛次、片野続	ISBN978-4-7972-6607-8	28,000円
902	改正 市制町村制　附 改正要義	田山宗堯	ISBN978-4-7972-6608-5	28,000円
903	増補訂正 町村制詳解〔第十五版〕	長峰安三郎、三浦通太、野田千太郎	ISBN978-4-7972-6609-2	52,000円
904	市制町村制 並 理由書　附 直接間接税類別及実施手続	高崎修助	ISBN978-4-7972-6610-8	20,000円
905	町村制要義	河野正義	ISBN978-4-7972-6611-5	28,000円
906	改正 市制町村制義解〔帝國地方行政学会〕	川村芳次	ISBN978-4-7972-6612-2	60,000円
907	市制町村制 及 関係法令〔第三版〕	野田千太郎	ISBN978-4-7972-6613-9	35,000円
908	市町村新旧対照一覧	中村芳松	ISBN978-4-7972-6614-6	38,000円
909	改正 府県郡制問答講義	木内英雄	ISBN978-4-7972-6615-3	28,000円
910	地方自治提要 全　附 諸届願書式 日用規則抄録	木村時義、吉武則久	ISBN978-4-7972-6616-0	56,000円
911	訂正増補 市町村制問答詳解　附 理由及追輯	福井淳	ISBN978-4-7972-6617-7	70,000円
912	改正 府県制郡制註釈〔第三版〕	福井淳	ISBN978-4-7972-6618-4	34,000円
913	地方制度実例総覧〔第七版〕	自治館編輯局	ISBN978-4-7972-6619-1	78,000円
914	英国地方政治論	ジョージ・チャールズ・ブロドリック、久米金彌	ISBN978-4-7972-6620-7	30,000円